だいわ文庫

老いのシンプル節約生活

阿部絢子

大和書房

プロローグ

老後の不安の99パーセントは、お金のことである

いつもは、何事においても「ま、いいかっ」と能天気に暮らしている私でも、ときどき「老後の先、暮らしは大丈夫だろうか？」と不安で眠れなくなることがある。

だんだんと収入が減ってきて、ついに底が見えそうになったとき、

「年金だけの生活で、本当にやっていけるだろうか？」

「病気になったとき、お金が足りるだろうか？」

「認知症になったら、お金の管理は？」

と不安が募る。心配はだいたいお金のことに結びついている。

今までだって、お金に不安はあった。でも、若かったので何とかなったし、働いていれば収入はとりあえずあった。しかし年を取ってくると、体が動かなくなり、実際に収入が減り、もうこれ以上は稼ぐことができないだろうという

「自分の限界」が見えてくる。

長く会社員をやっていて、高額の厚生年金をもらえる人はそうでないかもしれないが、私のように国民年金が主な収入源となる身には、さらに老いたときの生活というのは不安で不安でたまらないのである。


では、いったい、いくら備えていれば安心なのか？

ある友人は八〇〇〇万円と言う。驚きである！　私にはとうてい手が届かない金額である。それでも安心できない、とも言う。ある友人は三〇〇〇万円と言っているし、別の友人は、「せめて五〇〇〇万でもと思って、今、貯めているところ。まあ、働けるだけ働いて、どうしようもなくなったら生活保護よ」と開き直っている。

そうなのだ。安心できる金額など、きっとないのだろう。

治療費がうんとかかる病気になるかもしれない。足腰が立たなくなるかもしれないし、認知症などで介護にとてもお金がかかるかもしれない。

あるいは、死ぬまでピンピン元気でひとり暮らしができるかもしれないし、ひょっとしたら明日、死んでしまうかもしれない。

私の願いは死ぬまで快適に暮らしたいということ。だから、やっぱり貯金があれば、老後の不安も少しは減る。そのためにふだんはちょぼちょぼケチケチ使って節約をして、お金を貯めているのである。

けれども、人間、ケチケチだけでは煮詰まってしまう。特にひとり暮らしの場合は、生きる張り合いがなくなるのだ。余裕はそんなになくても、ギスギス貧乏臭いのは嫌なのである。どこかで、「生きるって楽しい！」という喜びを感じられる瞬間がないと続かない。ガス抜きが必要なのだ。

私の場合、海外ホームステイや海外ボランティアでは例外的にお金を使う。お酒が嫌いではないので、たまには飲みにも出かけるし、季節のおいしいものが出れば、少々高くてもホイホイ買ってしまう。とは言っても、たった「ひとり分」である。

正直に言うと、節約とは言え、実に矛盾に満ちたひとり節約生活なのである。「甘い」と言われてもいい。目的は実にシンプル。自分がやりたいこと、好きなことにお金を使うためのちょぼちょぼケチケチ節約生活である。

しかし、目的を持ち、お金をムダにだらだらと使わず、シンプルな節約生活をしていると、何だか老後の先の漠然とした不安のようなものがなくなってくるから不思議だ。そもそも節約は美徳であるし、エコでもある。私たち世代は、節約とは正反対の高度成長期を生きた。いい時代に生きたのである。だからこそ、次世代のために住みやすい環境を残すことは、私たち世代の心意気！でもある。

そう思うと節約生活だって捨てたもんじゃない。それに、だいたい六〇歳を過ぎてくると、お金持ちが幸せっていうわけじゃないのもわかってくる。それよりも、潔く、次世代のために住みやすい環境を残して、地球に負荷のない節約生活をして、死ぬまで楽しく生きていることのほうが、達成感もある。

私は学校を卒業してから薬剤師として洗剤メーカーに勤務後、フリーになった。金銭的には誰にも頼らずに生きてきた。

定期的にお金が入らない分、お金の流れがルーズにならないよう、しかも自分が楽しく生活できるよう、お金の使い方のバランスは難しかったが、長いこと気を遣ってきた。最近では、**年齢を重ねると、明日は必ずしも今日の続きとはいかなくなることも実感している。**そんな私の矛盾に満ちた節約生活をこの本では紹介している。

少しでもお役に立てれば嬉しい。

阿部絢子

第1章　無理なく節約生活を続けるお金五ヶ条
お金の使い方のクセを知り、自分のルールを作る

その2
生活のお金の流れを知る
……全体像を把握することが家計管理の糸口 39

その3
お金を使う優先順位をハッキリさせる
……迷いがなくなり気持ちがラクに 45

第2章 老いのひとり暮らし・生活見直し術

変化を前向きに受けとめる

第3章
節約しやすい住まい、しにくい住まい
家でくつろげないと出費が多い

第4章 モノを減らせば、それだけで節約生活
いちばんラクで疲れない省エネ片付け術

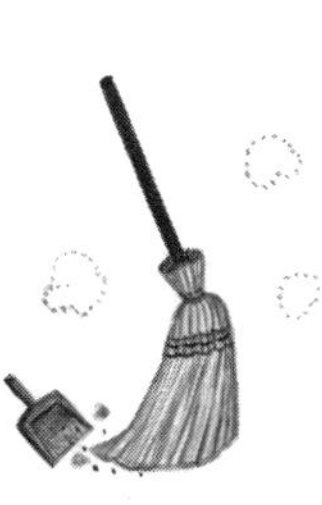

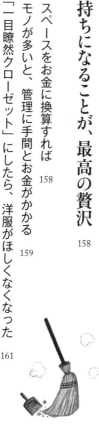

労力を節約できる省エネ掃除術 167

第5章 満足ひとりごはんが節約生活成功のカギ

おいしく食べきるから、ムダなし！

第6章　ひとり暮らし流・食材使いきり料理のコツ

安くておいしい旬のものをメインに！

第1章

無理なく節約生活を続けるお金五ヶ条

お金の使い方のクセを知り、自分のルールを作る

その1

お金についての考え方を整理する

……暮らし方は考え方でまったく変わる

節約をポジティブにとらえる

節約をネガティブにとらえると惨めったらしくなるが、基本は「**お金はそんなに使わなくても楽しい**」ということをしっかり自分の中でわきまえたらいいと思う。

生活水準をグンと下げるということでもなく、**消費型生活を終え、持続可能な堅実型生活へとステージを変えると思えばいい**のである。

お金を節約しても、やりたいことへのチャレンジはできるところまでやる。チャレンジにはどうしてもお金が必要というわけでもない。

この年になれば、もう怖いものは病気とその先にある死だけで、それも考えようによっては、もうお迎えが来ちゃったと思えばいい。だから年を取ってからのほうが、大胆にいろんなことができるし、無限に可能性が広がっているようなものだ。

いつ死ぬかわからないのだから、あとでやろうなんて思わずやりたいことを早くやったほうがいい。ここまで生きたのだから、何でも世の中のことを知っているような気がしてしまうけれど、よく考えてみるとそんなにたくさんの人には会っていないし、知らないことはまだまだ多い。

体験してみなくては実感できないこともたくさんある。住んだ場所や訪れた場所も限られている。だから私はせっせと節約に励んでお金を貯め、貯めたお金はワクワクする体験に使いたい。

禅寺へ修行に行ってきた

二〇〇九年の夏、福岡県久留米市にある梅林寺という禅寺へ、六日間、修行に行ってきた。なぜかというと、連載の仕事が終わり、収入が大きく減少し、「この先どうやって生活していけばいいのか……」と不安になったからだ。今まで何度も「仕事が減った！　どうしよう」と心配になったことはあるが、連載がなくなった六〇歳過ぎの心配は異質で深かったからである。

年金は二〇代のころに会社勤めをしていた分の厚生年金と、フリーになってからの国民年金だけ。デパートでの消費生活アドバイザーの仕事はあるが、これは契約で厚生年金には入っていない。

それに流通企業であるデパートでは、定年を六五歳と決めているので、契約が解除されると年金収入だけで、生活をしていかなければならない。

さて、これで暮らせるだろうか？　どうしようか？

これから先、これまで以上に仕事が増えるとも思えない。そんなにたくさんのお金がなくてもいいけれど、食べないわけにもいかない。

急に「困ったな、これから大丈夫かな」と、怯《おび》えのようなものを感じたのである。

だが「困っちゃったなあ」と思うばかりで、よい解決策なんてそんなにすぐ思い浮かばない。そのうちに、「これでも自分はやっていけるという自信を持つための、何かのきっかけがないとダメなんじゃないか」と思うようになった。そんなとき知り合いのお坊さんが、禅寺・梅林寺で修行をしていたと教えてくれた。聞けば、素人でも修行ができる期間があるという。

質素な禅寺の生活でも生きていける！

即、行動。真夏の六日間の修行である。

暑いのなんのって、冷房はもちろん扇風機もない。坐禅をして蚊がプ～ンと飛んできても、殺生は禁じられているのでバシッと叩くことも、蚊を手で払うこともできないし、刺されてかゆくなってもかけない。あれはつらかった。

坐禅のときは、鼻から息を吸い腹に入れ、口から長く息を吐く。老師と呼ばれる方の指導で「溜《た》め込まないで、全部吐き出せ」と言われ、「そうか、溜（貯）めなくていいのか、それなりに回っていくんだな」などと勝手に考えてみたりした。

そこでの生活は、まず午前三時に起床して読経する。寝床はせんべい布団を一枚ペロッと敷くだけで枕もない。明け方は冷えると言われて持参したタオルケットにくるまって寝ているので、さっと布団を片付け、ツルッと洗面しただけで読経に入る。

四時に朝ごはん。薬石《やくせき》といって粥と漬物だけ。それをササッとすすって、坐禅に入る。

一〇時半になり昼食。このときだけ一汁一菜。ご飯に味噌汁。お菜はタケノコとかナス、ジャガイモの煮物など、季節野菜が一種類だけのおかずである。

その後は作業。作務《さむ》である。本堂や寺の周り、トイレなどの掃除だ。

午後三時に契約している銭湯に行くのだが、片道二〇分もかかるのに、時間は一時間しかない。時間もないことだし、湯船につかってゆっくりしてしまうと余計に疲れてしまうことが一日目でわかった。二日目からはシャワーだけ。

そして午後五時に夕食。これも粥と漬物。粥というのは何も入っていない白粥。量はちょこっと。食いしん坊の私のふだんの食生活からは考えられない食事である。

しかし、これでおなかが空かないのである。坐禅ばかりで動かないからかもしれない。あるいは、そんなに早起きをしたことがないので（むしろ私のふだん寝る時間に近い）、調子が狂ってしまったか、あるいは緊張していたために、おなかが空くどころではなかったのかもしれない。

夕食後はひたすら坐禅。就寝は午後一〇時過ぎになる。そしてまた三時に起きるのだ。睡眠時間が足りないので、坐禅中にだんだんうつらうつらすると、警策《けいさく》という棒で叩かれ、眠気を覚ましてもらう。

老師へのご挨拶の作法もいろいろあるのだが、左足から部屋に入るのか、右足からだったのか、わからなくて慌ててバタバタしていると、「静かに！」と注意されたり、とにかく緊張の連続だった。

毎日、ドキドキして息切れしたり、バタバタしていたので、禅寺作法の「一、人の気配がしないように静かに」なんてとても守れなかった。結局約一週間の修行でも、人間的に落ち着いたとか、悟ったとか、それはまったくなかった……と思う。

修行僧である雲水《うんすい》さんたちは、みんな姿勢がよく、肌もきれいでツヤツヤしている。やはり悪いものを体に入れていないからなのかもしれない。

六日間の費用は、全部で一万五〇〇〇円。一泊三食二五〇〇円である。

欲深にならず、足るを知ろう

一般的に禅寺では雲水が托鉢《たくはつ》に出かけて近所の人たちから米や野菜をもらい、それが粥になり、汁になっている。

粥一杯で足るを知ったのが禅寺修行だった。

そういうことを目の当たりにすると、日本人っていつからこんなに欲深になったのだろう、と考え込んでしまう。洋服もモノもいっぱい所有して整理整頓ができないくらいなのに、「もう十分」という精神がなく、満足できない。

「足るを知る」——満足を知ったほうがいいんじゃないかと思う。

近ごろでは洋服でも雑貨でも信じられないくらい安くなっているけれど、それはどこかで生産費や人件費が抑えられているからではないか。異常に安い服を見ると、自分の会社さえよければいい「利益追求病」だと思ってしまう。その延長線上で、人間はモノを売るために、戦争も起こしてしまう。

私は服でも何でも、もう十分に持っている。足るを知ればいいのだ。

不安には、平常心でコツコツ節約

このたった六日間の経験ではあるけれど、「これからも何とかやっていけるだろう。お金が減っても、満足とは何かを考え、粥を食べていればいいんだ」ということがわかったのである。

そんなに贅沢をしなければ、何とかなるだろうと思える少しの自信が持てるようにもなったのである。

たとえば、腹いっぱいパンパンに食べるのは、欲が体に必要以上に入ることだから太る。余分なことをし、余分にこうなりたいとかこうしたいと、欲をかくこと。それをちょっと戒《いまし》める気持ちを持てば、ほどほどに暮らしていけるかなと思う。

と言って、私に欲がまったくなくなったわけではない。何しろ坐禅しながら、ビールが飲みたい、枝豆が食いたいと欲望をいっぱい抱えていた私である。

でも、ついにお金がなくなったときは、動かずに坐禅でも組んでいればいいとか、地元の良寛《りょうかん》を目指してみようかなど、これまでの生き方にしがみつかなければやっていけるかな、と私なりに行き着いたのである。

今回私を襲った不安は禅寺修行で何とか落ち着いたが、これからも幾多の不安に襲われるだろう。

でも、**不安の正体とは自分の頭で勝手に想像して作ったものである。**できれば不安の想像を膨らませないことだが、禅寺修行を思い出して、冷静に心安らかに、現状を把握する平常心を保っていたいものである。

臨機応変に生活を変える柔軟性を持つ

私は、何しろおひとりさま歴が長いので、お金のことはずっと真剣に考えてきた。

まずお金の管理で大切なことは、社会の状況をつかみ、情報に振り回されず、自分の考えをしっかり持つことである。世の中の経済状況がリーマン・ショック以来よくないけれど、それを自分の肌で感じたら、自分なりの節約をしていくこと。臨機応変に生活を変えられる柔軟性を持つことである。

社会の状況とまったく関係なく暮らせるほどのお金があれば、不安もなく心配もないだろうが、お金のない人ほど、社会の状況は生活に密接に連動していて、すぐに響いてくるものなのである。

私のような個人で働いている人間には、社会の状況は即、響く。

年金生活に入ってしまえば年金の額は変化しないので、影響は少ないのかもしれない。しかし社会がずっと低迷していれば、将来年金が下がったり、医療費負担が大きくなったりして、暮らしは影響を受けるだろう。

それに、以前は株を持っていれば裕福な老後が過ごせると言われていたが、今では安定した株なんてなくなってしまった。航空会社が倒産する時代なのだから。今はインターネットで安いチケットを買える。ホテルも、インターネットで探せば安く泊まれるし、いいサービスも受けられる。株を持つことが、裕福な暮らしの保証にならなくなってしまった。

銀行に預けておいても利息はごくわずかしかつかず、株を持っていても安心ではないとなると、「利回りがとてもいい」という怪しい広告につられてしまうことも多くあるだろう。社会全体でも、不況であればあるほど、そうやって儲けようとする人が増えてくるので、うっかりハマって、虎の子を取られたりする。

年金生活者も、年金は増えもしないし減りもしないとしても、自分でしっかり管理していかない限り、うっかりするとお金はなくなってしまう。

体も気持ちも自分のほうから動かす

今までも社会状況が悪くなると、私には「とにかく引き締め！」の緊急指令が頭のどこかからやってきて、生活を引き締めてきた。

できるだけ自分が動いて、人頼みにはしないようにする。

言い換えると、料理はできるだけ自分で作って、お惣菜は買わない。外食は控える。

宅配便を頼むときも、取りに来てもらわず、自分で荷物を持ち込んで料金を安くする。郵便局で出すほうが安く送れる荷物なら、ちょっと遠くても直接持って行く。

風邪を引いても、病院へ行けば治療費がかかるので、早めに自分で治そうと心がける。何でも他人に頼って、人の力を借りるとお金がかかるので、できるだけ自分でやる。

お金の入り方が変わってくるのが社会の状況というもの。だから社会の状況によって、生活は変えていかなくちゃいけない。

友だちとお酒を飲むときは、だいたい四〇〇〇～五〇〇〇円で収められるよう予算を考えて、それくらいのお店を選ぶ。でも社会の状況がさらに悪くなっていると感じたら、もっとランクを下げることも大事。

それまで景気よく使っていたとしても、景気が悪くなれば使わない努力が必要なのだ。

情報を活用して、節約方法も変えていく

昔なら洋服などを手作りすることで節約ができたが、今はパソコン操作ができると節約が可能になる。ふだんは携帯電話でメールと乗換案内で電車の時間が検索できるだけでいいのだが、パソコンが操作できるほうがより便利である。それは情報を持っているか、情報を探し出せるかで、節約できる範囲がまるで違ってくるからである。

パソコンは、特に体力がなくなって、もう足ではあちこち調べたり探したりできない年齢には便利な機器である。格安飛行機チケットの購入、旅行プランの申し込みもできるし、本屋に行けなくても本や雑貨、衣類や食料品までも、パソコンで購入し配達を頼める。

パソコンには実にさまざまな機能があるけれど、あれこれできなくていいから、最低限何かを調べる、探す、申し込むなどで節約も変化できるといい。

その2

生活のお金の流れを知る

……全体像を把握することが家計管理の糸口

財布に入れる最高額を決めておく

私は、手元にいっぱいお金を持っているとつい気が大きくなり、何でも「いいよ、いいよ～」と、その日のうちにほとんど使い果たしてしまう傾向がある。たとえ通帳の残高がゼロに近づいていても、財布にお金があると簡単にお金持ち気分になる。

こんな性格だから、財布の最高金額は二万五〇〇〇円と決めている。財布が空になると、二万五〇〇〇円をまた財布に入れ、誘惑にかられて使わないようにまっすぐ家に帰ることにしている。**寄り道は散財のモトである。**

この二万五〇〇〇円を「全財産のつもり」でチビチビ使っていく。

一万円札を崩すとあっという間に消えるので、小銭だけで払える範囲の買い物をする。スーパーマーケットで買い物していても、予定金額より多くなりそうなときは、レジで「あ、これ、いいです」と返品することもある。「品物を返すなんて恥ずかしい」という見栄は持たないことである。

財布にお金がなければ使えない。決まった金額以上のお金を持たなければ、本当に必要かどうか考えたり、安い店に足を運んだりして、節約モードで使うようになる。

とにかく「使わない」ことが私にはいちばんなのである。

クレジットカードは極力抑えて、現金主義

パソコンや数字に強ければ、クレジットカードでネットショッピングをしても節約できるかもしれない。数字に弱い私には、手元に見えないお金を管理し貯めたり節約するのは、無理である。

私はついこのあいだまでクレジットカードをまったく持っていなかった。あるとき財布にはお金がなく、銀行にも行きそびれ、とても困ったことがあり、そのときクレジットカードの必要性を感じてやっと作った。今となってはカードを二枚持つ身となってしまった。

でも、やはりクレジットカードは嫌いである。

私は現金がなくてもカードを持つと気が大きくなる性分だから危ないのだ。自己危機管理である。

それに、クレジットカードでモノを買うのは、借金で買い物していることだから、使ったあとに借金があるのも気分が悪い。

カード払いは交通費、外食費だけと心して、カードの誘惑の危機をかろうじて管理している。

実は私は、お金の管理が苦手である

正直に言う。私はこんな節約の本を書いておきながら、お金の管理が得意ではない。誠に恥ずかしいが、家計簿もすぐに挫折してしまうほど苦手である。

本当だったら、毎日しっかり家計簿をつけて、一日や一ヶ月予算を決めるのがいいのだろう。食費とか日用品とか、項目別に予算を立てて、管理に向き合うのだ。

でも残念ながら、私にはそのようなことはできない。

「ムダなお金を使わない工夫」「お金の流れをわかりやすく」「しっかり貯めることができる貯金通帳」——私にとって、この重要な三つを考えることが精一杯である。

買い物は価格をよく見て決め、現金払いにしてちょぼちょぼケチケチ使うようにし、貯める口座と使う口座に分け、一目でお金の流れが把握できるようにしている。流れを把握できないと、日常生活に使っていいお金なのか、貯めるべきお金なのかがわからなくなり、管理しにくい。

お金の流れがわかっていることで落ち着く

私は通帳を三つ持っている。

一つは年金収入が振り込まれる口座。生活費＝食費、日用雑貨費、交際費、交通費、仕事調査費、書籍代などをまかなう。毎月、この中でやりくりをして残高がゼロやマイナスにならないように努力し、できれば少しずつ残高が増えるようにしていた。

二つめの通帳は、取材を受けたり、本を書いたり、講演の講師料などでの雑収入が振り込まれる。毎月引き落とされる光熱費、通信費、住居管理費、国民健康保険、介護保険、新聞代、火災・地震保険、医療保険、生命保険、毎月の積立貯金などは、すべてここからである。

毎月の引き落とし額がほぼ決まっているので、ここでは残額をいつもチェックしていて、残高が少ないとわかると即節約。次に新しい仕事にアタックしたり、仕事を探しに行ったりする。要するに、ここが私の家計のバロメーターになるのである。

ここにお金がなければ、海外のホームステイにも行けないし、新しい衣類も買えない。そして、残高がある程度まとまったら、思いきって三つ目の通帳へ移す。

三つめの通帳は、絶対引き出しをしない通帳だ。銀行のキャッシュカードも作っていない。

別名、隠し通帳と呼んでいる貯蓄用である。自分の通帳だから、隠しているわけではないのだが、海外ホームステイ、急な出費にもおろすことはない。この貯金を崩してまで出かけることはしないのである。ここは万が一とこれから先のための通帳である。

その3

お金を使う優先順位をハッキリさせる

……迷いがなくなり気持ちがラクに

何に使うのかの決断は、日ごろの訓練が大事

何にお金を使って何に使わないのかを「選択し、決断する」という行為は、日常生活で自分の頭を訓練していないと、なかなか決心できず、いい加減な選択になってしまう。

たとえば、今日は買い物をしないで、冷蔵庫の中の食品だけで料理をしようという**選択**。友だちから誘われた旅行を断る**判断**。年に一回の海外ホームステイを実行すると踏ん張る**覚悟**。いずれも「**決断**」である。

毎日の些細な一つひとつの事柄を、どっちがいいのか判断しながら暮らす。

そうやって**毎日決断を積み重ねていると、将来を見据えて、何にお金を使ったらいいのかが自然にわかるようになってくる。**

「何となく」は使わない

「何に」という目的がなく、「ズルズル、何となく」といったお金の使い方はしたくない。

毎日毎日、一〇円でも安く生活をしたいと思っているわけではないが、一〇円くらいいいや、一〇〇円くらいいいや、一〇〇〇円くらいいいや、となどって、ダラダラとお金を使いたくない。

お金にしがみついているわけではない。ムダなお金を使いたくないだけだ。働くのはとても大変だけど、使うのは簡単なのである。

先日も仕事関係の外食のあと、疲れていたのでついタクシーに乗ってしまった。途中で、「あ、これ以上乗っていたら一〇〇〇円以上になって困る！」と気づいたので駅の近くで降り、あとは電車で帰ってきた。

タクシーも、乗る目的はハッキリさせたい。

昔、私がテレビに出たときは「テレビ出演って儲かるんでしょ」と言われた。また、書籍が出版されれば、「印税で儲かるわね」と私の懐を推測される。けれども私はタレントや俳優ではないので、一回の出演料は交通費込みで約二万〜三万円である。書籍もベストセラー作家ではないので、原稿料は下調べにかける膨大な時間と、書く労力と本になるまでの手間を考えれば、よくてトントンである。

だから、いつも有効にお金を使いたいと心がけている。

自分にとって必要なときには、思いきりよく使う

私は、具体的に何に使い、何に使わないのか。

簡単に言えば、体に必要な「食」には使うが、「衣」や「化粧」にはほとんど使わない。「食」は身体維持への投資だから、優先順位は一番だ。特に、自分で作ることができない、たまの外食の鰻や寿司、また多少値段は張っても早

春のタケノコや初夏のそら豆、枝豆など旬の食材には投資する。自分にとって必要な「食」には思いきりよく使うのが私の考えだ。

一方、「衣」や「化粧」について、これまでさんざん洋服は買ってきたので、もういいやと思っている。体は一つなので、そんなにたくさんあっても着られないことにようやく気がついたので（遅い）、必要最低限のものしか買わない。

かなり偏った使い方かもしれないが、自分のお金だし、誰にも迷惑をかけていないので、使用目的や優先順位を決めて好きに使っている。

自分への投資にはお金を使う

私が大きくお金を使うのは、自分への投資、海外ホームステイ、英会話の習いごとなどである。

二〇〇九年、北欧ホームステイと、ほかに友人との海外旅行の計画があった。両方実行するとなると、合計で七〇万円！　もかかってしまう。友人とも一生に一回の「楽しい」旅行だが、旅は暮らし研究という自分への投資も兼ねている。友人たちとのワイワイ旅行は、優先順位としてホームステイ、ボランティア、英会話、その次の次くらいかなと思う。なので、あきらめた。

自己投資のホームステイ計画だが、「EIL　JAPAN」（日本国際生活体験協会）経由でホームステイ先の都合と日程を決め、それに合わせ、ネットで安い航空券をしつこく探す。

ホームステイ先との連絡はメールを使う。英語でのやりとりだが、私は中学生レベル以下の単語を並べているだけ。旅へ出かける一ヶ月ほど前からは週に二回ずつ個人レッスンに通い、メールの文面のチェックなどもしてもらう。

ひとりで旅するとき役立つのが、『地球の歩き方』（ダイヤモンド社）と電子辞書。特に『地球の歩き方』には、ホテル一覧があるので、ホテルの予約でも何でも日本からできて便利だ。

お金使いを自分で決められるのが、ひとりの醍醐味

こうやって自分が決めたことに自由にお金が使えるのは、ひとり暮らしだか

らである。

家族がいては、海外旅行も、海外滞在などもなかなか実現しにくい。同居人に許可を取らないと行動できないのは面倒だ。「また、行くのか」などと言われるのも気分が重い。自分の不在の間のあれこれを心配するのも大変だ。誰かの食事を一週間分冷蔵したり、冷凍したりして用意するなんて無理。

それに旅に行く間際になって、同居人が病気になるとか、都合が悪くなるとかして行けなくなったとき、後ろめたさを感じながら出かけるなんて嫌だ。

ひとり暮らしは、自分で何でもやらなければならないが、自分が決めれば何でもできる！　自由である。

自分で何でも決められるという心地よさは、一生、手放したくない。滞在先で死んだって誰もそれほど困らないから、旅行保険などもかけない。

身軽なのがひとり暮らしのメリット。リスクも責任も伴うが、生きたいように生きられるのは最高の贅沢だ。

せっかくのひとり暮らしのメリットを十分に味わいつくしたい。

ふだんの生活はシンプルでも、脳には贅沢を

自分に投資するということは、簡素な生活をし、贅沢はしないけれど、その代わり脳にとっては贅沢な暮らしをしよう、ということでもある。人に会ったり、本を読んだり、新しいことにチャレンジして、お金をかけずに脳に栄養を与える。

二〇〇九年の春、友人に誘われて、年金問題を研究している民主党の国会議員の集まりへ行った。たまたまヒマだったから行ったのだが、これが案外よかった。年金について詳しく説明してくれたので勉強になった。無料である。さまざまな問題解決には外部の人々の力が必要で、お金がかかることもわかり、一〇〇〇円カンパしてきた。

政治に関心を持って、無理のない範囲でカンパするのもいい。無料や低料金で参加できる勉強会は、政治だけではない。NGO活動など脳に栄養を与える機会はいっぱいある。

その4

節約の目的を明らかにする

……暮らし方・生き方がシンプルになる

消費ベルトコンベアーに乗せられるのはもういい

「消費が美徳である」と刷りこまれた社会のベルトコンベアーに乗せられているような気がすることがある。私も若いときは結構、ベルトコンベアー式に生きていたのだが。

あまり考えもなく、会社勤めをしなければと思って、会社に就職してお給料をもらって、いろんなことにせっせとお金を使ってきた。ちょうど高度成長期で、消費生活は堪能した、というよりさせられてきた。

当時は働いて使うだけの暮らしで、自分がどう暮らしたいか、どういうことにお金を使いたいか、どんなことにはお金を使いたくないかなんて、考えていなかった。

今でも時々は広告に刺激され、節約なんてみみっちいことをするのは悲しいことだと感じさせられることもある。そう思ったときは、いつもチャップリンの映画「モダン・タイムス」を思い出す。

私を含め、消費者（コンシューマー）はコマーシャルで何度も紹介されていると、つい買わなければいけない気持ちになってしまうが、そんなのに惑わされて、お金をズルズルと使ってはいけない。

と言いながら、なんだか気分がゆるくなってしまい、お金を使ってしまうこともある。スミマセン。私の場合は、仕事がうまくいったり、まとまったお金が入りそうな「予定」のときが要注意である。まだ入っていないのに、入りそうだというだけで気が大きくなってしまう。財布に万札が入っているだけでも気が大きくなるくらいだ。

自分はお金をどう使いたいのか、繰り返し考えていないと、ベルトコンベアーに抗《あらが》う節約は難しい。

「過消費」から「省消費」へ

私は四〇代後半から、「アメリカ型の消費が美徳であるという生活ではなく、ヨーロッパ型の、地道で地味な暮らしがしたい」と思うようになった。コツコツ、せっせと働いて得た収入をよく吟味もせず、広告に乗せられてウワーッと使う過消費に抵抗がある。モノは大事に使って、地味な自分なりの省消費生活を楽しく送りたい。

「消費」とは、読んで字のごとく、費やして消えてなくなることなのだ。

私の肩書きは「消費生活アドバイザー」。消費する生活をアドバイス？　もちろん、消費したものに不具合が起こったときの対応が仕事であり、実際には消費をアドバイスしているわけではないけれど、消費した結果の不具合の後始末より、消費する前の段階でアドバイスできればいいのに、と思う。

「消費」という言葉がいけないのだと思う。

モノを作って売って、それを買って、使って、数年経ったら「はい、もう捨てます」という使い捨てのような感覚がある言葉だから、馴染まないだけだと思うが。

消費するだけでは幸せになれない。幸せって、社会環境が安心で安全なことだと私は思う。

ヨーロッパでホームステイをすると、つつましい暮らしをしているが、こと環境問題に対しては熱心であることに頭が下がる。単純にモノを消費しているだけではない暮らしが他国にあることを、興味ある人たちに伝えたいと思っている。

最大の自己投資「ホームステイ」の予算は削れない

二〇〇九年のホームステイでは二ヶ国に行ったので、予算は三五万円だった。私にとっては大金である。

ノルウェーとデンマークへのホームステイで、移動も含めて一二日間。交通費が二〇万円ちょっと。お土産、数日間のホテル代、飲食費等で一〇万～一五万円。できるだけ、この予算が残るように努力をする。二〇〇八年は知人の知り合いの家だったのでホームステイ先への支払いはゼロ。それでも実費は二八万円強だった。

場合によって長期滞在になると、予算がぐっとオーバーすることもある。一年間の予定や予算を立てているわけではないが、できれば年一回のホームステイは実行したいと思い、その予定や予算は見積もりに入っている。

二〇一〇年はアメリカにホームステイした。

オバマ大統領の政権になり、「グリーン・ニューディール政策」が人々の生活につながる様子を肌で感じてみたかったからだ。

また、海外旅は現在の「ひとり力」を試すときでもあると思っている。荷物を詰めたスーツケースを、ひとりで引っぱりあげることができないと旅はできない。当分は体力も気力もありそうなので、まだ行けるかな、と思う。

旅に行かなくても、日本人以外の人と話したいので、英会話の勉強は続けたい。

私は日本が嫌いなわけではないけれど、海外の空気はかなり好きである。何でだろうと思う。どの国も、というわけではないが、考え方がリベラルでフランクだからかもしれない。英語は不自由なのに、気分がよくてかえってノビノビできるのだ。ずっといてもいいかなと思ったり、海外に住みたいなんて考えたりもするのである。

「ホームステイ投資」は、気分転換でもあるが、日本以外の暮らしやエコ事情などを肌で体験できるチャンスでもあり、大いなる自己投資。この投資だけはできるだけ継続したいと思う。

わが母や、先輩たちの節約生活に学ぶ

母が節約を始めた。理由は、これから年金暮らしになる弟のために、少しでも足しになるようにとの心積もりらしい。

衣類は買わず、もっぱら私のお古で間に合わせ、食材も安く購入し、最後まで食べきるよう努力している。日々の節約と努力のおかげで、少しはまとまった金額が貯まったらしい。

年を取ってからの節約は、漠然とした気持ちでは続かないようだ。年金額の

少ない息子が何とかほどほどの暮らしを送ることができるようにという、母の強い愛と願いが節約を実行させ、継続する気持ちを支えているのだと思う。

しかしながら、どんなに年を重ねても「いざというとき」の備えは、誰もが不安に思うもののようだ。友人の母上は、今年一〇〇歳になるが、まだまだ彼女の中では老後には至っていないらしい。毎月の年金の中から「老後のために」と蓄えを欠かさない、と聞いた。

節約もいいのだが、家の設備を改善したり、この年なのだからたまにはおいしいものを取り寄せたり、節約一方だけでなく、少しは自分のために消費しても罰は当たらないと思うのだが、どうだろうか。

その5

貯めたお金をどう活かすか

……イキイキ暮らす自分のイメージを持つ

最後まで悔いなく生きるための資金作り

節約は人生の最終目標ではない。節約して貯めたお金は生きたお金にしたい。節約は、自分の人生を最後まで悔いなく生きるための資金作りなのだ。

私のとりあえずの目標は、例年実行したい海外ホームステイのためのお金を、まずは貯めようと思っていることである。

私は七〇代半ばくらいまでは自分への投資にお金を使いたい。たとえば海外ホームステイに年に一回行くと約三〇万円。医療のボランティアは二年に一回くらいとして、一年間の予算はならすと約五〇万円。そうすると今から一〇年間で四〇〇〇万円は必要となる。それは老後のお金とは別のものであるから、節約して貯めなければならないのである。

無謀と言われようが、何と言われようが、頑張りたい。

七〇歳を過ぎたら、海外で長期滞在にチャレンジ！

それから新しいチャレンジとして考えているのは、七〇歳を過ぎたらどこかの国に長期滞在すること。最低三ヶ月間くらい、海外に滞在したい。お金が貯まり、体力があれば、三年間くらいでも。

年寄りになってどのくらい通用するのか？　清川妙《きよかわたえ》さんは八〇歳で英国留学をしたというけれど、私は七〇歳過ぎの「ばあさんになってからの海外滞在」というのをやってみたい。まだ実行には時間もあり、その間に長期滞在の練習をして、お金も貯めたい。

七〇歳を過ぎて海外に長期滞在したいと思い、お金を貯めるのも楽しい。どこにしようかなと考えるだけで楽しい。寒いのは苦手だから暖かいところがいい。治安も大事だけど、別にもう死んでもいいから、それほど気にしていない。だいたい治安は日本がいちばんよくて、これ以上いいところはないのである。国民性は優しいのがいいから、やはりフィリピン、マレーシア、スペイン、ポルトガルなどがいいかなと考えている。

使い道を考えないと、お金は貯められない

このように、貯めたお金の使い道を考えないと、お金は貯められないと私は思う。「私はこのためのお金を今、貯めているんだ」「こうやって使うときのために、貯金を増やしているんだ」と考えないと、お金って貯まらないし、ただ貯めるだけなのもつまらない。

私がお金を貯めようと思ったのは三五歳くらいからである。それまでは貯金を意識せず、ズルズル、ズルズルとお金を使ってきた。

こんなことで年を取ったらどうするんだろうと漠然と考えるようになったころ、友人と話していて「どのくらいのお金があったらいいのか」という話題に

なり、「やっぱり、三〇〇〇万円くらいはいるんじゃないの」と言われた。

貯金ゼロに近かった私は「ヒエ～ッ！」と驚いた。三〇〇〇万円という数字がスッと出てきたということは、たぶん友人はその時点で、ある程度は貯めていたのだろう。「うわ～すごい！　大変だ。私も貯めなきゃ」と思ったのである。

そこからお金を貯めていたおかげで、マンションが買えた。貯蓄型の高額の生命保険にも入っていたので、それを解約して補てんすることもできた。貯蓄さまさまである。

マンション購入のために、とは考えてもいなかったが、とにかく「年取ってお金がなかったら大変だぞ。三〇〇〇万円は必要らしい」と目標を持った。さらに、そのころ近所に住んでいた八三歳のおばあさんがアパートから追い出され、路頭に迷っていたのを見て、「ああいうふうになってしまうのは困る」とアパートに住みながら、一生懸命貯めたのである。

おばあさんの一件がなかったら、そのままアパートに住み続け、そのお金で老人ホームで暮らすという人生設計を考えていたかもしれない。**大きな危機感は節約の動機になる。**

お金は働いてコツコツ貯めるしかない

私は、お金というのはぱっと儲かるものではないと思っている。棚から一〇〇〇円だって落ちてはこない。

バブルの時期に稼いだ知人もいるけれど、私はまったく関係がなかった。原稿料の単価も変わっていないような気がする。

稼いだときのことを考えると、使えなくなってくる。若いときは、体も元気だし、未来がたくさんあったから使えたけれど、未来、いや人生の先が見えてくる年齢になると、しがみつきたくはないけれど、使えなくなってくる。

お金のことを考えると、薬剤師の資格をもっと活かした仕事をしたほうがよかったかもしれないと未だにジタバタする自分がいて、そんなときは我ながら気分が重くなって、嫌になる。

ときどき不安にかられてあっち行ったり、こっち行ったりして大いに迷う。お金と向き合うのはまことに難しい。

いつまで働けるか。

できれば七〇代の終わりくらいまでは、少しずつでも働き続けたいと思っているが、どうだろう。もしかしたら、これから先は頭がボケてきて働けなくなるかもしれないし、私が働きたいと思っても、使ってくれるところがまったくなくて、こうなるはずじゃなかったと思っているかもしれない。予測がまったくできない。

結局は、働けるときに働いて、貯められるときに貯め、ムダなお金を使わず、自分を高めるために使うのがいちばん。そう思って今をしっかり生きていきたいものである。

六五歳で新しいパートを始めた！

六五歳のときに、状況が変わった。何と私は街の薬局で働き始めたのである。いわゆるドラッグストアである。

私にとってデパートでの消費生活アドバイザーの仕事が大事な定期収入になっていたのだが、まだ先かなと思っていた退職が、不況により、急にそれほど先のことではないような雰囲気になってきたのだ。

しかも六五歳で受け取れる年金額の通知が来て、それが何と予想より一万円も少ない月額八万円だったのだ。ガーン。八万円では暮らせない。

もちろんフリーランスの仕事は続けるにしても、不定期収入だからアテにはできないし、若い人たちの出現、インターネット普及もあり、仕事も少なくなりそうだ。蓄えは多少あるけれど、そんなに簡単に蓄えを削ってしまったら、いざというときのお金がなくなってしまう。

何ができるかを考えると、やはり薬剤師の資格を活かすしかない。薬剤師の仕事からはずいぶん遠ざかっているけれど、とりあえずやってみないことにはわからない。新聞の求人広告で見つけた薬局に電話をしたら、「じゃあ、すぐ面接に来てください」と言われ、面接に行った。

六〇歳を過ぎているとダメかなと思っていたが、そこでは当時七四歳の方も働いていた。それなら私もずっと仕事ができるんだと喜んだが、七四歳の方は最近勇退を決められたそうだ。とりあえず、週二回で約五時間ずつ働くことになった。「すぐ来てくれ」と言われ、さっそく働き始めたのである。

動けば結果はどうであれ、次へ進める

働いてみると、それはそれは大変である。デパートの仕事は三〇年になるとはいえ週三回。しかも座っていることがほとんどである。薬局では、ずっと立っている。これだけで疲れる。薬の最新情報もわからない。しかも、薬剤師だからといって、お客さんが来るのをただ待っていればいいという時代は終わったのである。

他の若い登録販売者さんと一緒に、倉庫から品物が入った段ボール箱を運び品物を陳列し、速《すみや》かに、手際よく並べ、イベント準備や値札付けなどもしなければいけないのである。軽いのは薬だけで、ドリンク剤だのコンタクトの洗浄液だの重いものばかりだ。それが私が出勤する曜日に集中している。

一ヶ月も経たないうちに腰を痛めてしまい、ある朝、立ち上がれなくなりトイレに這《は》っていく事態になった。お風呂にお湯をはってゆっくり腰を温めたら、なんとか立ち上がれるようになったので、近所に住んでいる妹に腰痛ベルトを借り、買い物に行き、ごはんを作って食べた。とにかく食べなくては元気が出

ないと思ったのである。腰痛は続いたが、毎日お風呂で腰を温め、何とかしのいでいるうちに六月になって暑くなったら、だいぶよくなった。

私は自分が元気だと思い込んでいたが、その年の四月は寒かったし、やっぱり立ち仕事や力仕事は大変だから、もっと体を温めたりしなければいけなかったと、ちょっと反省している。

今思えば、腰を痛めたのは体が疲れていただけでなく、ストレスもあったと思う。

今までと仕事の内容がまったく違い、働く業界が違えば常識もまるで違う。カルチャーショックだ。「ひとりでそれなりにこの年齢までやってきた」という自負があり、割りきっているつもりでも、やっぱりプライドも傷ついたのだと思う。

「どうして、この私が……？」「私が、こういう仕事をしていいのかな？」というような迷いもつきまとっていたのである。「とにかく売れ！」と言われるのも慣れない私にはストレスになる。

薬の種類がたくさんあり過ぎて覚えられないので、薬の裏の成分を見ながら説明していたら、あるときお客さんに、「それくらい俺にもわかるよ。アンタ、本当に薬剤師か」とあきれられたりもした。

自分から聞かない限り、誰も教えてくれない

私はそのうえに「コンピューター・レジ」がうまく使えなかった。信じられないくらい複雑なのだ。今どきのコンピューター・レジは「〇〇カード支払い」「ポイント支払い」「従業員購入」など支払い方法が多いうえに、「ポイント」をつけるため、いつどのボタンを押していいのかまるでわからない。

オロオロなんてものじゃない。私のレジにはすぐに列ができてしまう。研修を受けたが、たった三〇分ほど。現場に立ったが、実際のシステムを誰にも教えられず、「すみません」「すみません」と助けを求めながら、見様見真似でやっていた。が、仲間にも、第一、お客さんにも迷惑をかけるばかり。これではダメだと悟った。思いきって上司に「ひとりでちゃんとレジが打てるようになりたいので、研修を受けさせてください」と頼み込み、もう一度研修を

受けて詳しく教えてもらい、ようやく少しわかるようになった。

たとえ他の薬局へ行ってもそれほどシステムは変わらないと思うので、これならやっていけるような自信がちょっとついてきた。嬉しい。薬のことも、わからないときは「すみません、教えてください」と先輩の薬剤師さんに聞くようにして、だいぶ覚えた。

夏ごろになると、先輩が「また腰を痛めるよ」と声をかけてくれて、重い段ボール箱を運ぶのを手伝ってくれるようになった。「この人はどこまで頑張れるのかな」と見ていたのかもしれない。

そんなふうにしてどうにか続け、半年ごとの契約を九月に更新した！「この更新がいつまでも続くとは限りませんけれど」なんて言われたが。

でも今どきの薬局で一度働いた経験があれば、「こういう感じなんだな」と私もわかるし、雇う側も経験があると安心して雇えると思うので、他の店でも働けそうである。ヨッシャ！

結果はどうであれ、動けば次に進めるのだ。やってみてダメだとわかったとしても、その先に進める。やらないと次にも進めないし、戻ることもできない。

資格を取るより、現場で覚えて技術活用がいちばん！

前に進むためには、「今さらこんなことできないわ」「何で私がこんなことをしなきゃならないわけ」「ここまではしたくないわ」なんて思わないことだ。何もしないでグチャグチャ考えていると、体もグチャグチャになって、精神的にもウツっぽくなるような気がする。やはり外に出て自分を鍛えていく。できなかったことも、積み重ねていけば少しはできるようになる。

だから、やはり**現場がいちばん勉強になる。**

あれこれ考える前に、現場に行くのがいい。

以前、サプリメントや健康食品の摂取方法を指導する「サプリメントアドバイザー」（NR）の資格を取ろうと思ってかなり勉強したけれど、試験に落ち、そのままになっていた。でも今はその資格がなくても薬局で仕事をしているし、日々の仕事で勉強できて、知識も増えているのである。

人間は考えているだけではダメで、何でもチャレンジなのだ。

当たって砕けてしまうこともあるけれど、当たってダメだったら、そのとき

また考えればいい。

チャンスの神様は前髪しかないから、前からチャンスの神様が走ってきたときには、素早く前髪をつかまなくてはいけないと言われる。後ろ髪はないのであとからはつかめないのである。

ふだんから考えていることは大事だが、「やってみよう」と思ったときはサッと動かないと、何も始まらない。

薬局でのパートは月に約七万円。今までと違う仕事にチャレンジして、何とか続けてやっているという充足感がちょっとあった。

「私の家計簿・1ヶ月の流れ」

自分の毎月の生活に、だいたいどれくらいお金がかかるかわかると、何となく安心する。使えるお金の目途がつき、自分で調整できるのがよい。

支出：11月／単位：円

① 食　費	31,946	(嗜好品、ひとり外食ふくむ)
② 光熱費	7,546	(内訳：ガス代　2,016)
		(内訳：電気代　3,731)
		(内訳：水道代　1,799)
③ 交通費	32,200	(仕事で出かけるので半分以上、必要経費)
④ 交際費	23,610	(仕事、友人などとのお付き合い費)
⑤ 通信費	22,040	(固定電話、携帯、プロバイダー契約代、送料他)
⑥ 医療費	12,410	
⑦ 図書費	6,925	(教養費＋必要経費)
⑧ 消耗費	2,189	(電球、文房具、洗剤、ティッシュ他)
⑨ 調査費	11,332	(資料代、取材費)
⑩ 被服費	13,514	(クリーニング代ふくむ)
	計 163,712	

※②の光熱費は11月なので、暑くもなく寒くもなく、少なめである。
※③の交通費、⑤の通信費、⑦の図書費、⑨の調査費は、フリーの消費生活アドバイザー、生活研究家として仕事で収入を得るための必要経費なので、あまり削れない。
※④の交際費は、友人とのたまの飲食、研究会での経費。
※⑩の被服費のうち、クリーニング代は基本的には自分で洗えるものは洗うので、コート、スーツ、毛布以外あまり出さない。但し、シーツ代は例外。
※このほかに、固定費として、毎月のマンション管理・修繕費、国民健康保険料、介護保険料がある。

第2章

老いのひとり暮らし・生活見直し術

変化を前向きに受けとめる

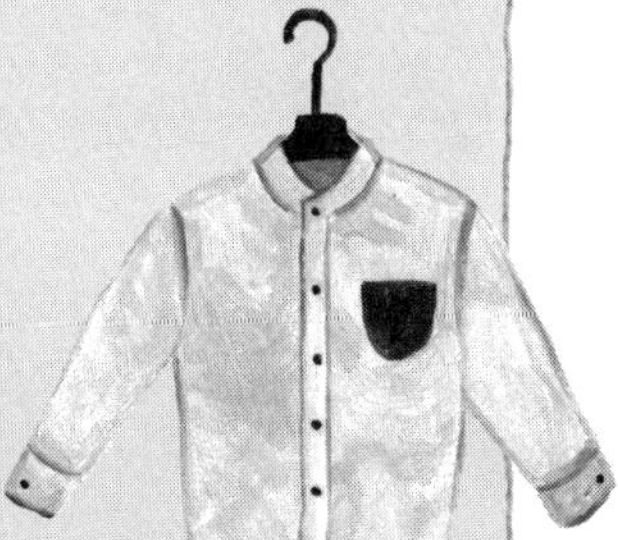

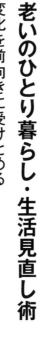

気持ちよく暮らすためにお金を使う

ムダ遣いをしてしまった！　と思うとき

毎日節約しているはずの私も、ムダと感じるお金を使ってしまうことがある。私の感覚では、お金を使ったあと、「これは、見栄だったのではないか」という思いのあるときは、やはりムダ遣いだったのである。

たとえばすごくお寿司が食べたくなると、ひとりでもお寿司屋さんに行く。飲んで食べていると、気分が大きくなり、ついお土産寿司まで注文して見栄を張り、七〇〇〇～八〇〇〇円くらいも使ってしまうときがある（反省！）。どうしても食べたかったのだからいいのだけど、普通なら予算は三〇〇〇～

五〇〇〇円と決めているのに、気張ってしまう。

お酒を飲みに行くときの予算はだいたい四〇〇〇〜五〇〇〇円だが、七〇〇〇〜八〇〇〇円になることもある。でも、それは情報交換、コミュニケーションをとる、お世話になったお礼だったりするので、それらの消費は何らやぶさかではない。けれども、自分ひとりの満足と見栄のために消えてしまうのは、いかがなものかなと思ってしまうのだ。

お金は戻らないが、でも、おいしかったなあ……。と反省と満足とが交錯するのがいつものパターンなのだ。ああ〜。

私にとってムダな買い物とは？

洋服の衝動買いをしなくなってから、ムダと思うような買い物はずいぶん少なくなった。私にとってムダな買い物とは、使い捨てのもの。使い捨てのプラスティック製品などだ。

それと、私には使いようがないもの、使い勝手が悪いもの。これはムダかムダではないかは、使ってみないと判断できないのが困る。

それから愛着がわかないもの。

最近、書類棚を買った。ずーっともらいものの棚を使っていたけれど、どうにも気に食わなくて、やっぱり間に合わせは嫌だなあと二〇年間も（！）グジグジ思い続けていた。

最近、エコロジカルな木製の美しい棚と電撃的な出会いをしたので、やっと購入して古い棚は処分した。とても気に入った棚で、大満足である。もっと早く決断すればよかった。

私の家にはもらいものの食器やら電化製品があるが、馴染んでくるものもあれば、いつまでも好きになれないものもある。

何年も（数十年も？）気に入らないものでイライラさせられるくらいなら、次のものが見つからなくても、さっさと処分してしまうことである。この年になってから、ようやくわかったことである。

節約意識が強すぎても失敗しやすい

「後悔」は、心の健康にもっともよくないようだ。節約したつもりでかえって失敗したとき、かなりダメージは大きい。

私は、吉沢久子《よしざわひさこ》先生主宰の「むれの会」のメンバーだった。自主的な研究グループなのだが、二〇一〇年まで食事当番というものがあった。

ある日の食事当番のことである。レンコンの明太子和えを作ろうと計画していたとき、小さなレンコンが四節入っていて二九八円というパックが売られていた。これは安い！　と三パック買って料理をしたら、ちっとも柔らかくならない。明太子は友人にもらった極上品だったので、これにフィットした柔らかい食感のレンコンにしたかったのに、いつまでたってもガリガリして固いままである。どうしよう……困った。

しょうがない。「吉沢先生、ケチして安いのを買ったら、こんな味になっちゃいました」と正直に言ったら、「あー、節《ふし》だからね」と言われてしまった。

節約しなくちゃという思いが強すぎると失敗してしまう。きちんとお金をかけなくてはいけないときもある。みんなは食べてくれたけれど、まずいと思ったろうし、せっかくの上等な明太子にもったいないことをしてしまった。

変なところで節約意識を発揮しすぎると、失敗するという教訓である。この小さなレンコンは二九八円だったけれど、たぶん、普通の大きさのレンコンでも三五〇円くらいだったと思う。だから結局は、三パックでもたった一五〇円くらいしか値段は違わなかったのだ！

安くてもおいしいもの、安くてやっぱりまずいもの

食事がまずくなることはよくないことで、ひとり暮らしには最悪である。まずい食材がまずい料理になるのは料理の腕の問題ではなく、もう腕の振るいようもない。自分の食材選びの目利きの問題である。

まずい食材は、料理の手間も時間も、そしてお金も、結局パーにしてしまう。

安いのには絶対にわけがあるのである。よく売れる肉屋の牛肉の切り落としはおいしいけど、売れない肉屋のものはやっぱりまずい。

このときの反省点は、安くてもおいしいものと、安くてまずいものの目利きが未熟であったこと。それと、素材に合わせて臨機応変に対処できなかった料理の腕の未熟さである。

できれば、レンコンが柔らかくならないことに早く気づいて料理を変更できるような能力がほしいと思う。どうせなら和え物にしないで、炒め物にしていれば多少ガリガリしていても気にならなかったのにな、と反省している。物事はいつも予定通りにいくとは限らない。これにはこれ、と決めつけないで、臨機応変に予定を変えられる自分になりたいと思う。

失敗しても自分を責めず、気持ちを切り替える

若いときの私なら、「二九八円なんて値段に踊らされるなんて……」と自分を責めてしまっていただろう。食べている間もごめんなさい、ごめんなさいと言っていた。帰る道筋でもずーっと「あー、最悪だ！」「私ってなんてバカなんだろう……」なんて思い、寝る前にも「レンコン代ケチらなかったらよかっ

たのに、私ったら、もう……」とグジグジ落ち込んで、悪いほうにばかり考えていた。

でも、今はそうやって**自分を責めるのはもうやめた！　やめようと思えばやめられる。考え方を変えればいいだけなのだ。ウソみたいだが、考え方ってすぐに変えられる**ものなのだ！

人間だから、安いほうについフラフラしちゃうこともあるさ……と考える。

みんなにも「失敗しました、このレンコンは固いです」と先に謝ってしまうと、「しょうがないよ～」なんて言われて、酒を飲んで、終わり！

それに、レンコンが柔らかくならずアタフタしたというのもあって疲れてしまい「今日は風邪を引いていて疲れたので、もう一品作るはずだったのですが、やめます」と宣言した。みんなも「これでいいんじゃないの」と言ってくれたので、「ま、いいか。疲れることはやらないでおこう」と思って、おしまいにした。

ちょっとしたケチ心でときどき失敗するけれど、さらりと流せるようになった。うまくいかなくても気持ちを切り替えて、楽しくお酒を飲んで、自分を責めないようにしている。

失敗したときにうまく切り抜けるコツは、いちばん言いづらいことを、自分から言ってしまうこと！

やっぱり見栄があると、失敗を認められない。見栄があると、鎧《よろい》を着ているようなもので、なかなか本当のことが言えない。こんなことを言ったら、変なふうに思われるんじゃないか。こんなことをしたら、こう見られてしまうのではないかと思ってしまう。誰もそんなことは思っていないのに……。

今だから言えるが、こんな私でも、若いころは我ながらバカがつくくらい真面目で、自分をすぐに責めていたから、疲れて疲れて大変だった。

パーフェクトを狙いたいから、何でも準備から大変で、「むれの会」の料理当番でも何度も練習をして、妹や友だちに食べさせるものだから、周りの人たちはウンザリしていたものだ。

でも最近になってやっと開き直ってきて、この程度でもしょうがないか、と思えるようになってきた。

ある程度の年になったら、自分で意識を変えて、鎧を取っ払ってしまうこと

だ。そうしないと、鎧は厚くなるばかりで、人は寄ってこなくなる。

自分だって鎧の重さに疲れて、何もしたくなくなってしまうよ。

人と比べると減点主義になる

でもまあ、そうやって料理の練習をしてきたから、ちゃんと料理もできるようになったわけで、悪いことばかりではない。

だからこそ、自分にできないことは求めすぎないようにしようと思う。

一〇〇点取れない人に、いつも一〇〇点取れと言っても無理である。八〇点でもいいか、いや、七〇点でもいいかなと、どんどん自分の中の及第点は下げていって、六〇点でもいいじゃないか、と最近は思うようになった。

ごはんが多少柔らかくたっていいじゃないか。

安いレンコンを買ってしまったっていいじゃないか、である。

ひとり暮らしで完璧主義はやめる。たまには五〇点でもいい。そうすると、もし九〇点も取ったときなど、うわっすごい！　と一五〇点くらい取ったような達成感で、自分で自分に感激する。

失敗したという思いにとらわれていると何の発展性もない。

過ぎたことにずっとこだわって生きていくのは損である。一生懸命にやるが、結果にはあまりこだわらないことである。

それから、ついでに書いておくと、最近になって「めざせ！　吉沢先生」もやめた。

私はずっと「めざせ！　吉沢先生」だったのである。生活評論家の吉沢久子先生はいくつになってもおおらかで、探究心の旺盛な素晴らしい方である。吉沢先生を敬愛する気持ちは変わらない。しかし、ここへきてやっと、吉沢先生と私とは違うってことに気がついた。先生の背中は見ていくけれど、同じようにはなれない。自分にそれを求めない。

自分に足りないものに目を向けていくような生き方はしたくないと思ったのだ。吉沢先生はこうなのに自分は……と比較するとすべてが減点対象になる。

だからいいところを見て、真似していこうと思う。比較して、自分がダメだと思わないでおこうと思う。

寒がりなので、寒さ対策グッズには予算を組む

話は変わるが、私は寒いのが苦手。寒いとすぐに風邪を引く。だから寒さに対応できるものは私にとって必需品なのでいっぱい持っているが、それは暑がりの人にとってはムダなものだろう。

毛布などの寝具は、もっと暖かいものはないのかしらといろいろ買い揃え、結構なお金をかけている。すでにいっぱいあるのに、つい暖かい寝具を買いたくなってしまう。肌着も「より暖かいものはないかしら」といつも探している。ユニクロのヒートテックの下着はすぐに買ったし、イトーヨーカドーのものも買って試している。

「寒さ」に関しては、とにかく私はお金を使ってしまう。コートもしかり。これは小寒のとき、これは中寒のとき、これは大寒のときと、いろいろあり、丈が長いのやら短いのやら、重いのやら、軽いのやら、各種取り揃えてある。

新潟出身なのに寒さに弱いなんて、と言われるが、体が冷えると風邪っぽくなって調子が悪くなるので、ムダなんて言っていられない。下着でも洋服でも

コートでも寝具でも、暖かくて動きやすくて軽いのが好きである。いくらお金をかけても私にとってはムダではない。

現金収入のあるうちに大きなものは買い替えたい

ベッドに使うマットレスは、もらったものをもう二〇年以上も使い、だいぶヘタってきた。そろそろ買い替えたい。それも二〇年くらいは使えるものにしたい。つまり、ベッドマットレスを買うのは、私の人生において最後にしたいのだ。サイズや材質を調べているけれど、なかなか気に入ったものがない。迷っているうちに一、二年はあっという間に過ぎてしまいそうだが、高額な買い物は先延ばしにしないほうがいいかもと最近は思う。今は働いているから買い替えられるが、年金生活となってしまったら、買えないかもしれない。

なんとつい最近、忘れていた積立が満額となって四五万円も貯まっていた！

こんなときは、自分のお金なのに、「ラッキー！」と嬉しくなる。まとまったお金があるうちに、値の張るものは早く買おう。

住まいの居心地に関することは優先的に

節約はするが、気持ちよく幸せに暮らすためのお金は使いたい。だから私の場合は、快適に暮らすためのお金なら惜しくはない。

それから、自分の気に入ったものにはお金は使うけれど、気に入らないものには使いたくない。若いころは、間に合わせでも何とか目をつぶってガマンできたけれど、それが無理になってきている。

我が家の客間は南向きで日当たりがいいので、夏はとても暑い。エアコンはあるけれど、エコロジー的にはエアコン一つには頼りたくない。それで大きなよしずを探した。結局は千葉県の野田まで探しに行き、やっと気に入ったものをゲットできた。大きなよしずなので持って帰れず、送ってもらったのだが、よしずそのものよりも送料のほうにお金がかかってしまった。でも、間に合わせのよしずなんて買いたくなかったのだからしかたない。間に合わせのものでは、気持ちのいい暮らしはできない。

若いときなら、未来があって、生活が変わるかもしれないし、引っ越して違う家に住むかもしれない期待がある。でももう死ぬまでここに住もうと思い、根が生えてしまったら、間に合わせのものにはしたくない。間に合わせのものを買うくらいなら、いっそ何もないほうがいいと思うくらいだ。

ひとり暮らしを始めて四〇年。今はこの家が最終グラウンド、と自分の住みたいような部屋にしているが、引っ越し当初はいろいろ細かいところには目をつぶってきた。それを時間をかけて気に入るものを探したり、改造したりして少しずつ替えてきたのだ。

お金のある人は、魔法の杖でも使うように一気に替えられるだろうが、庶民はそんなにヒョイヒョイ替えられない。コツコツとお金を貯めて、一〇年以上もかかって変化させ、今はかなり気に入った部屋になっている。

自分にとって居心地のよい暮らしがわかると、取捨選択がハッキリできるようになる。どこに、何に、お金をかけるか、かけないか、この決断もしやすくなる。

気持ちが煮詰まらないように工夫する

若いころは、給料袋を握りしめてデパートで洋服を買ったものだが、私には今や洋服を買いたいという強い衝動はない。

たまには買うが、今の基準は長く着られるものである。では、どんな服を選べば長く着られるのか、どんな服なら飽きないのか、そんなことを考えていると、自分にとって飽きないものとは何だろう、飽きないとはどういうことなのだろう、「暮らしに飽きがこないようにするためには、どういうことが大事なのか」と考え込んでしまう。

それは暮らしに「飽きる」というより、「行き詰まる」「煮詰まる」と言ったほうが正しいかもしれない。

自分の気持ちが「行き詰まらないように、煮詰まらないように、お金を使っている」のかもしれないと考えたりする。

見栄の付き合いほどムダなものはない

惰性の付き合いはやめる

付き合いに、「見栄」と「お金の無理」と「健康の無理」は禁物である。

友人知人は大切である。でももう、そんなにたくさんの友人は必要ないし、無理をするような付き合いはしないほうがラクである。

見栄を張って大盤振る舞いをしたり、高級レストランへ行ったり、そういう無理な付き合いはできないし、したいとも思わない。

先日も風邪を引いてしまったので、約束をキャンセルした。そのことで怒って離れていく人はそれはそれでいいと思う。お互いに会いたい気持ちがあったら、もう一度約束すればいいだけのことである。

見栄を張らないと付き合えない友人とも自然に疎遠になっていく。「来る者は拒まず、去る者は追わず」が付き合いの精神なのである。

お金をかけなければ付き合えない友だちとは、続かなくなる

私は人とはあまりお金をかけずに付き合いたいと思う。

外でごはんを食べたりお酒を飲んだりすると、お金がかかるので、「ごはんを作ったけれど、食べに来ない？」「これから、ごはんを作るからうちに来ない？」と、自宅に誘う。

遠くに住んでいる人や、忙しくてうちに来てもらえない人でも、会いたい人には、遠くまで交通費をかけても会いに出かける。お金も時間もかかるが、それは私にとっても必要経費である。

しかし、「今度、ごはんでも食べましょう」「今度、お酒を飲みましょう」などと言われて、ついまともに受け取って約束をしてしまい、よくわからない不

本意なところへ行って、お金も時間もロスするのは嫌だ。

私はストレートな人間だから、「今度」と言われても、この人は、本当に一緒にごはんが食べたいと思っているのかどうか、単なるお世辞かどうかがよくわからないのである。だから口先だけで、お世辞みたいに「今度」と言うような人の言葉はなるべくまともに受けないことにしている。

「今度」と言うような人のことより、私は自分の気持ちのほうが大事なので、自分が会いたい人には声をかけるし、ボランティアでもやりたいと思ったら、自分から声をかける。

自分からやることを率先しようということなのだ。

断るときは、あれこれ言わず簡潔がいい

誘いを断るとき、私は率直に断る。クドクドと説明しない。

「○○だから行かない」と理由を述べて断るのではなく、「ごめん、都合が悪いから不参加です」と言って終わりである。あとはあちらで何を想像してもらっ

ても、別に構わないし、問題はない。

世の中にはいろんな都合がある。体の都合、お金の都合、時間の都合、気持ちの都合など。相手が勝手に想像してくれればいい。「○○だから」と変に理由をつけると、何か嫌な感じがする。

あれこれ説明する人は案外多い。「その日はここへ行く予定が○ヶ月前から決まってるから行けない」とか、「△△さんに誘われてどうしても断りきれなくて、○○という行事に出ないと……」などと長々と理由を述べる人もいるけれど面倒くさい。自分のスケジュールを他人に聞かせてどうするの？　と思ってしまう。だから都合が悪い、という言葉がぴったりだと思う。

言い訳はしない。直前のキャンセルなら、「風邪を引いたのでやめにしたい」「体調が悪いので行けない」とは言うけれど、それ以上の言い訳はしない。

友だちと会ってもお金がないときは、私の場合は本当にお金がないときなので「安いお店に行こう」と最初に言ってしまう。言い訳をして取り繕うことはしないことにしている。

見栄を張らない。正直がいちばんだ。

でも、大切な付き合いにかかるお金は「人生の必要経費」

ただし、自分にとって大切な付き合いは疎遠にしないように気を遣う。付き合いでかかるお金は、人生の必要経費だと思っている。

それに、お世話になった人の会社で扱っている商品などは、買うようにしている。

とはいえ、すぐにお金が出せる範囲のものだったらいいが、高額で必要のないものでは、勧められても、そう何でも買えるわけではない。

そんなときはいくら率直な私でも、ズバッとは断れなくて、ズルズルと返事を先延ばしにし、あちらが忘れたころに「申し訳ありません」と婉曲に断る。申し訳ないなと思うから、ちょっと心ばかりの粗品を贈ることはある。

でも、疎遠になっていいと思う人には余計な気を遣わない。自分の気持ちの中で、この人とはあまり付き合いたくないと思うといつの間にか疎遠になっている。

私はもう全部、自分の気持ちである。昔からそういうところはあったけれど、特に最近になって、それでいいんじゃないかと思うようになった。もういいかなと思うと、あえてサヨナラも言わないし、連絡も取らないし、会ったときに「こんにちは」を言うくらいである。

以前はよく会っていた人でも、昔は昔、今は今、疎遠になっても寂しいとも思わないし、ガックリとも思わない。

私にとって、変に友だちが多いことは、あまりいい状況とは思わないので、少なくてちょうどいいくらいなのだ。

時間は常に流れて今があるのだ。昔はああだったのに……と引きずらないことだ。

長電話は電話代がかかって、しかも互いに疲れるだけ

四〇代ごろまでは電話代が高かった！　長電話が多かったからである。電話が長くなると、あちこちに置いてあるブラシを使って家の中の掃除をしながら電話をしていたものだ。ひとり暮らしだから長電話をしても大丈夫だろうと思

われて、よく電話がかかってきたりもした。

最近は長電話する相手がいなくなり、長電話は減った。結局、私は長電話をするような人とは合わないようである。

長電話をしなくなったのは、お金の節約もあるが、長電話が時間のムダだからでもある。

長電話しても、何をしゃべったのかあとで覚えていないものだ。結局、電話では重要なことはあまりしゃべらない。長電話をするくらいなら私は直接会って、コーヒー一杯でも飲みながらペチャクチャしゃべったほうがいい。**長電話より会って話す。そのほうが断然、楽しいし、元気になる。かけたお金と時間が活きる。**

若いときはお互いに忙しくて、電話でしか話せないこともあったが、最近は友だちも徐々にリタイアしていて、お互いがそんなに時間的に忙しいことはないので、だったら、長電話するよりも会って話したほうが密度濃く話せる。

それに、一年や二年に一度しか会えない友だちなんて、あと何回、会えるかわからない。こっちが病気になるかもしれないし、あっちが病気になるかもしれない。二人の日程が合わずに、「そう、またね」とそのままにしていたら、すぐに一年も二年も経ってしまって、永遠に会えなくなってしまうかもしれない。

時間があって動けるほうが、忙しい人に合わせればいいのだ。私は相手が忙しければ、自分が動いて会いに行くことにしている。

連絡は携帯メールがいちばん確実で、しかも安い

最近は、友人と待ち合わせを決めたりするのは、ほとんど携帯メールだ。もう電話はしない。どこにいるかわからないのに、家に電話をかけたり、家のパソコンにメールしてもすぐにつかまらないからである。仕事のメールも携帯でやりとりをしているし、原稿も少しなら、携帯で書いて送ってしまう。

携帯メールは便利である。外出中でも、ちょっと時間があるときに送れるし仕事もできる。片手で打つのは大変で嫌だという人が多いけれど、私は連絡を待って家に拘束されているほうが嫌である。

便利なうえに、通信費も安くなった。私の携帯電話の通信費は月に約五五〇〇円。

メール中心で通話はあまり使わず、使うのはどうしてもしなくてはならないときだけなので、用件だけで終わりである。

留守電には用件を必ず残すのがマナー

私にとって携帯電話は必需品である。だから海外でも使えるバージョンにして、海外でも使っている。もちろん海外で電話もできるが、携帯メールは世界中どこからでも手軽に使えるので本当に便利だ。こんなに小さいのにすごいと思う。

海外に行ったときにパソコンを持ち歩いたり、ネットカフェを使うという手段はあるが、それほどのことをしているわけではないので、私は携帯で十分である。

携帯メールを素早く使うには、タイトルに用件を入れること。私なんて、タイトルに「そっちへ行くけど、都合はどう?」なんて書いてしまうこともある。相手から「了解」と返事が来て、それで終わり。メールは長々書かないのがコツである。

短ければ気軽に送れるし、何より指も目も疲れない。

そして、携帯に電話をかけたら必ず伝言を残すこと。携帯は着信履歴が残るので、伝言がないと内容が気になってしまう。伝言でも「また、あとでかけます」ではなく、必ず用件を言ってほしい。年を重ねると若いときと違い一つのことに時間が費やされるので、問題は早く解決したくなる。

何が言いたいのか、どうしてほしいのか、具体的に用件を伝えてもらえれば返事もしやすくなる。

冠婚葬祭も自分の気持ちで動く付き合いに

私はもちろん妹にも弟にも子どもがいないので、甥も姪もいない。だから、それほど頻繁に冠婚葬祭の付き合いがあるわけではない。

私の冠婚葬祭の付き合いの基本は、向こうから声をかけられたときだけ、ということである。

たとえば「結婚式があるから来て」と言われれば行くし、「大学に入学した」と連絡があればお祝いもするが、こちらから「どうした、どうした」と言わないことにしている。

お葬式やお見舞いなども、付き合いだからと行くことはなく、自分が行きたいと思うときしか行かない。

デパートで一緒に働いていた人が病気で入院したときは、相手が疲れるかなと思ったけれど、どうしても会いたくて、迷惑にならないように短時間だけお見舞いに行った。それから間もなく亡くなられたので、お通夜にも参列した。

私は自分の気持ちで動く付き合いをしたい。

冠婚葬祭でもパーティでも、仕事関係でも親戚関係でも、見栄や世間体ではなく、自分の気持ちで動いている。

冠婚葬祭費を節約しようとは考えない。私には親戚や親族が少ないので、冠婚葬祭費がドッとかさんで困る付き合いなんてないからである。

ふだんから付き合いがあれば、子どもが生まれればハガキなりが来るので、そういうときはお祝いを贈る。

新居に越したと連絡があれば、新居祝いを持ってお邪魔させてもらったり。

そういうのが付き合いだと思っている。

「ゆうゆう自適」から「コツコツ自適」へ

私はお中元やお歳暮はほとんどしない。自分が何かを贈りたいときに贈る。向こうは「どうして今ごろ?」と思っているのかもしれないな、と思いながらも、旅先でおいしいものを見つけたり、あの人の大好物、というようなものを見つけると、つい贈ってしまうのである。

世間で言うところの「決まり事」は私の場合、ない。そのときの私の状況やら相手の状況などで考える。

私は悠々《ゆうゆう》自適ではなく、一〇〇年に一度の経済不況といわれる世の中で暮らしているのだ。

「ひいひいコツコツ自適」である。そんなときに大盤振る舞いなんてできない。

見栄は張らないのである。

これから不況のままで、成長鈍化の世の中がずっと続くかもしれない。いろいろ考えてお金を使っていかなくちゃならないのである。

よって**お金のことで無理はしない。お金ばかりでなく、体のことでも無理をすることろくなことはない。無理をすると回復するにも長引く。無理をすると、結局は自分にどんどん負担がかかってきてしまう、**など大小数々の失敗で学んだのである。

健康でいることが、いちばんの節約

体調はマメに整え、手当ては早めに

自分が頼りのひとり暮らしでは、健康は特に大切である。病気になったら仕事はできないし、病院代もかかり、節約とはほど遠い暮らしになる。何と言っても、ごはんがおいしく食べられなくなるのは悲しい。

と思ってはいるが、実は「健康のために」たいしたことはしていない。肩が張ってきたら、背中を伸ばし腕も伸ばし、自己流のストレッチをやるくらいである。

毎日体操をしようとせず、気になったときに、体のあちこちをぐーっと伸ばす。ちょっとずつやるのがいちばんだと思っている。

体調を整えて、無理をしなければ病気にもなりにくい。従って、私は無理をしないで、疲れたらすぐに横になる、すぐに休む、すぐに寝る。

まとめて運動したり、まとめて休みをとるよりも、疲れを感じたときにちょこちょこ体操したり、横になって寝たり、マメに体調を整えていくことが私の健康にいいようである。

ナマケモノの私でもつとめて歩く

こんな私ではあるが、歩くことだけはやっている。

歩数計をつけて毎日ウォーキング、な～んてことはもちろんやらないが、気の向くままにつとめて歩いている。

腰を痛めてから回数は減ったが、それでもお昼ごはんをちょっと食べすぎたかなと思ったら散歩に出たり、仕事で出かけるときも一駅分を歩いたりする。

わが家から新宿までは、電車だと二駅だが、徒歩だと三〇分ほどなので、歩いて行くことにしている。雨の日でも歩く。それも足を動かしてちゃんと歩く。足を動かしてちゃんと歩くというのは、足をズルズル引きずらないで、足をピッピッと上げてきちっと歩くことである。そして仕事のときもリュックで出かける。リュックなら、両手が空くので歩きやすいし、転んだときに体を支えられるようにと思ってのことである。

リュックを背負うと背中もピッと伸びる。年を取るとどうしても前かがみになるが、リュックを背負うと背骨が伸びる。ちょっと目線を上にして歩くように心がけている。

私は「わー、今日はいい天気だな」「そろそろ春の気配だな」と、空を見上げながら歩くようにしている。

靴を選ぶときは、多少値段が高くても歩きやすいものに

靴はオフィシャルな場でも履くことができるウォーキングシューズを愛用している。嬉しいことに今はスーツに似合うウォーキングシューズがたくさんあ

る。値段はけっこう張るが、私はバーゲンのときを狙って九八〇〇〇円の靴を買うようにしていた。

このウォーキングシューズを、スーツ用とパンツ用、それぞれに黒と茶、計四足を揃えて、いつでも対応できるようにしていた。

ところが、このお気に入りのメーカーが、もう靴を作る人がいなくなったとかで会社を閉じてしまい、ガックリきた。以前、外出中に靴が壊れ、しかたないので靴の安売りチェーン店で「おっ、安い！」と五〇〇〇円くらいの靴を買ったことがある。しかし、それが歩きにくく、その後、一度も履いていない。これこそ「安物買いのゼニ失い」である。

今の靴が壊れないうちに、気に入った靴を見つけなければならない。

若い人はヒールが細かったり、つま先の細い靴を履いているけれど、よくあんな靴で歩けるものだと思う。この年でヒールの靴など履くと即歩くのが嫌になってしまう。すぐに疲れるから、数歩でタクシーに乗りたくなる。喫茶店にも入りたくなりまことに不経済である。

交通費を節約しながら頭も体もスッキリ

歩くと体調も整うし、ダイエットにもなるし、背すじも伸びる。

道もよくわかるようになるので、細かいことを発見して楽しくなる。今日は空がきれいとか、花が咲いている、夏ミカンがなっている、栗がなっているとか、そういうことに気づいておもしろいなあと思いながら私は歩いているのである。

「一日に一万歩」など、歩く距離の目標を決めることはない。歩けるときに歩こうと思っている。

歩きたい気分だなと思ったら、夜中でも歩いて帰ってくる。

家での仕事が続くときはあまり歩かないので、わざわざ少し遠くの商店街まで買い物に出かけ、歩くようにする。

食材を買いに行く必要がなくても、私は考えや家にいることが煮詰まると、外に出る。

外の空気を吸いたいと思うとき、それは体がそうしてほしいと言っているのだと思う。家でおいしいコーヒーは飲めるが、「あそこのコーヒーを飲んでこようかな」という感じでわざわざ歩いて出かけ、気に入った店でコーヒーを飲み歩くようなこともある。その一杯のお金をもったいないとは思わない。

そして、歩くことは何といっても節約になる。交通費は高くてバカにならない。いつもどのルートで行けば交通費が安いかを考え、安くなるなら一駅くらいは歩く。

しかしどうしても歩きたくないときは歩かない。そうしたときも、最短距離を狙ってギリギリ行けるところまでタクシーで行き、降りて歩いて帰る。タクシーメーターが上がり、一〇〇〇円以上になるとガックリするが、お釣りがくると気分がいいので、そろそろこの辺りかなと、料金が上がる手前で降りるようにしている。

最近では、タクシーの短距離基本料金が安くなり、体がつらいときはありがたい。

高価な化粧品より規則正しい生活と食事の充実

お化粧はほとんどしない。少し前までは口紅だけはつけていたが、それもやめて、今はリップクリームだけ。口紅をつけていないと不健康そうに見え「具合が悪いの？」などと心配されたので、口紅だけはつけていた。でも近ごろは口紅をつけなくても何も言われなくなったから、つけるのをやめた。唇の色がよくなったのか、まわりの人が口紅をつけない私になれてきたのか、よくわからないが。

基礎化粧品は、ドラッグストアで安くてよさそうなものを適当に選んで使っている。

大学時代に化粧品学という授業があり、実験でいろいろな成分を混ぜ合わせて化粧水を作ったりしたが、ほとんどが水分であった。水が主成分だから、化粧品なんてどれでもいいかなと思ってしまう。

皮膚は皮脂が分泌されて保湿されることになっているが、クリームやら何やらたくさんつけすぎていると分泌が妨げられる。それに皮膚は顔だけにあるものではなく、手や足や背中にも、体すべてにあるものなので、顔だけに特別つけることもないのではと考えたり。手入れをする時間は面倒なので、今のところ、こんなもんでいいと思う。冬だから、夏だからと、特別な手入れをすることもない。

ただ私は、食事をきちんと摂る、疲れたら休む、できるだけ規則正しい生活をする、しっかり寝る、ということは欠かさない。

朝はコーヒー、果物かシリアルかパンで軽く。朝に何もないときはそのまま出かけて、途中でコーヒーを飲む、という日もある。

昼はちょっと多めにバランスよく食べる。家にいるときは、ごはんと味噌汁、魚料理かフライ、煮物、サラダなど作って食べる。外食のときはバランスのよい定食を食べる。

夜は軽めの食事。お酒を楽しみたいので、その日によっていろいろとつまみを作る、といった具合である。

私が尊敬している吉沢久子先生はもう一〇〇歳になられるが、肌はつやつや、お化粧もしていないがおきれいである。吉沢先生をはじめ、八〇代、九〇代になっても元気な方々は、みんな適度に運動し、自分に合った食事をきちんとしている。

おいしいものが好き、食べることが好き、という共通点があるようだ。

自分の体に合った睡眠時間をとる

健康と美容のために睡眠は重要である。

私の睡眠時間はおよそ八時間。最低でも八時間は寝ないと体がもたない。条件がよければもっと寝ることもできる。一二時頃にベッドに入って新聞や本などを読み、八時くらいに起きる。

寝る前にお茶やお酒を多めに飲むと、夜中に起きることもあるけれど、ふだんは夜九時ごろまでには食事を終えるようにしているので、朝までぐっすり眠れる。少しくらいの地震では目を覚まさない。

朝までぐっすり眠るのも気持ちがいいが、明け方にトイレに起き、あともうひと眠りできるぞとベッドにもぐりこむのが好きだ。二度寝が好き、つまり寝ることが好きなのである。三度寝でも、昼寝でも何でもできる。眠れないことはほとんどない。

年を取ると朝早く目覚めるというけれど、絶対に違う。私は一生懸命に早く起きようと思うが、起きられない。朝が超苦手だ。八〇代や九〇代の人に聞くと、宵っ張りの朝寝坊で元気に暮らしている人も結構いる。早寝早起きでなければ、健康でないというわけでもないらしい。

「ひとり力」があれば、メリハリのあるお金の使い方ができる

「ひとり力」四つのポイント

ひとり暮らしで大切なことは「ひとり力」があるかないかだと思う。
では「ひとり力」とは何か、私は次の四つだと考えている。

1　ひとりで一日、部屋にいられる。
話し相手がいなくても別に寂しいと思わない。気持ちよく過ごせる。

2　ひとりで旅ができる。ひとりで楽しむことができる。
国内旅行でも海外旅行でも、ひとりで街を歩いたり、景色を観たり、お店に

入ったりして、楽しいと思える。

3　休日でもひとりでいられる。

正月やゴールデンウィーク、お盆、クリスマスなど、家族単位で過ごすようになっているイベントのときにひとりで気分よくいられる。

4　お金がなくてもひとりで楽しめる。

お金がたくさんなくても自分で料理を作ったり、部屋を居心地よくしたり、部屋の環境を整えたり、自分の創意工夫で楽しく暮らすことができる。お金をかけずに、自分の暮らしを楽しむことができる。

以上の四つである。

これに「孤独死は悪くないと考えることができる」とか「部屋に帰ってひとりになるとホッとする」という項目を加えてもいい。

ひとり外食のマイ・ルール

私は夕方、ひとりでそば屋にも行く。つまみを一、二品頼んで、一杯飲んで、仕上げにせいろ、という具合。居酒屋もしかり。ラーメン屋にだってひとりで行き、ビールまで頼む。先輩の八〇～九〇代では居酒屋なんてもちろん、コーヒー店でもひとりで入れない。私はどんな店にもひとりで行って、ビールなど飲みながら焼き鳥を食べるなど、相当にオヤジ化（？）している。

ただし、マイ・ルールは長居をしないこと。よくお店の人やお客さん同士でべったりおしゃべりをしていることがあるが、**私は女のおひとりさまは一時間以内だと決めている。**

お金をかけないと楽しめないのは危ない

ひとり暮らしでは、寂しさも孤独もみんな引き受けなければいけない。困ったときもひとりで何とかしなくてはならない。そういう力がないのに、ひとりになってみたいと願望だけでひとり暮らしを選ぶと、耐えきれずに、押し潰されてしまうことがある。

「ひとり力」は訓練だと思う。スキルアップするのは訓練しかない。やはり技術を習得してそれを鍛錬していくこと。練習していけばできる。

よく「おひとりさまで楽しむ歌舞伎」とか「おひとりさまで楽しむ京都の旅」などの企画にお金をかけ、おひとりさまで参加する人がいる。危ないのは、そんなふうにお金をかけないと楽しめなくなるとしたら、お金のないひとり暮らしは惨めなものになるということだ。

日常の小さな発見が楽しいのではなく、スケジュールを埋めていかないと落ち着かない人たち（私は「スケジュール帳空白恐怖症候群」と呼んでいる）のように、**イベントで空白を埋めていくことが楽しいと思うのは、ひとり暮らしの人間がやることではない。**

「人恋しさ」を別なものに置き換えていくのではなく、置き換えずに楽しめるかどうか。それは訓練でもできるし、発想を変えればできる。

視点を変えるというか、自分が思っていることをちょっと変えればいいのである。

「ひとり力」の長所と欠点も知っておきたい

「ひとり力」が強い人がいちばん嫌いなことは、自分で決められないことだと思う。誰かに決めてもらうとか、誰かに相談してから決めるのではなく、何でも自分で決めたい、自分で解決したい。

個人差はあるにしても、だんだんそうなってくる。

だから私は携帯電話に、「またかけま～す」というだけの伝言を何度も残されるとイライラしてしまうのだ。結局はクラス会の連絡だったり、友人との会食だったりする。早く言ってくれれば、こっちも予定を立ててすぐ対応ができるのにと思う。

早く解決したがるというのは、自分が仕切りたいとか、イニシアティブをとりたいということではなく、責任感のようなもの。誰も決めてくれないし、自分が決めるしかない、それが身に付いちゃっているということだ。

ちょっとしたことでも自分で決めたい。お店選びも自分でしたい。自分の時間を好きなように使いたい。

自分の気分、気持ちで動くから、他人が決めたことに合わせるのが、ちょっとつらくなるという面がたしかにある。これが欠点か？

夫がいる、家族がいるとそういうわけにもいかない。夕食の献立にしても、家族の体調や帰宅時間など、いろんな要素を考えて決める。だけど、おひとりさまは自分中心の献立でいいのだ。

「ひとり力」でワガママ旅行も思いのまま！

他人に合わせるのが面倒くさいという気持ちが強くなっているから、ひとり旅が好きになる。ひとり旅が好きなのは、どこかへ行って、意外にそこがつまらないと感じたら、「はい、次～」とすぐに移動ができるからだ。つまらないか、楽しいかを決めるのは自分である。

とても気に入って、もっとそこにいたくて、「わが人生の至福の時間」という感じでボーッとしているときに、同行者から「早く次に行こうよ」と言われると嫌だ。「私はここが好きなのよ」と思うから、好きなだけそこにいたいのである。そういう傾向が強くなる（ワガママになる）ので、親しい友だちとでも旅をするのは難しくなりがちだ。

といって、私とて友だちと一緒にまったく行動ができないわけではない。そういう行動もできる（本当です）。そういうときは前もって「人に合わせる」覚悟を決める。覚悟ってほどのものじゃなくても、自分の心構え、心積もりを決めるということだけなのだが。

おひとりさまは、何でも自分で決めてきた。お金の稼ぎ方も使い方も生活スタイルさえも、自分で決めてきた。

自分で決める爽快さは何物にも代えがたい、そう思うような人は「ひとり力」がある人だ。おひとりさまの節約生活もノビノビ楽しめると思う。

必要な準備、不要な準備

死んでも誰も困らないから生命保険はいらない

死んだときに保険金が支払われる生命保険はおひとりさまにはいらない。私が死んでも誰も困らない。積立式の生命保険にも入っていたが、マンションのローン返済に全て使ってしまったので、もうない。

死んだときは自治体の簡単な葬式にして、実家のある新潟のお墓に入ることにしている。お金はかけない。お葬式に集まってくれた人が飲んだり食べたりするだけあれば十分だと思っている。最終的には三〇万円くらいも残しておけばいい。老いて死ぬのだから、そんなに人も集まらない。保険は私が生きている間に困らないためのものにしたい。

心配なのはやっぱり病気になったとき

死んでしまったら心配はない。

心配なのは病気。ガンなどの治療費のかかる病気になったらどうしよう、それで動けなくなったらどうしよう、と。

そんな心配が大きくなり、六〇歳のときに、病気保障だけの保険に切り替えることにした。

それは入院、手術をしたときに保障がある医療保険。年間二六万円の掛け金で一ヶ月分無料になる一括払いである。

生活習慣病、女性特定疾病の場合、そのほかの病気の場合も、入院および医療に関する保障は、一日一万円。つまりガンでも何でも入院したら一万円。入院費用は保険で賄えるようにしたいと思って入った。

入院一日目から保険がおりる。手術になった場合の特約も付いている。一部が積立型になっており、八〇歳になったら一〇〇万円支払われる。

老齢年金保険。これも一ヶ月無料になる一括払い。他にも積み立てた分が七〇歳になったら年金の形で保険金が支払われるタイプの生命保険に加入している。

葬式用の費用三〇万円を別にとってあるので本当はこの生命保険はいらないのだが、私には珍しく義理で入った。保険の金額が相当の負担になっていたが、それも必要な準備と割りきっている。

今は保険会社も倒産する時代なので保険については何とも言えない。自己責任の時代はなかなか大変なのだ。

諸々の手続きができなくなったときのことを考えて〈願い書〉

いざとなったら、このマンションの部屋を貸して、老人ホームや介護施設に入ろうと思っているが、そういう諸々の手続きができなくなったときのことを考えると心配である。

保険の契約書、担当者の名刺などを全部ひとまとめのファイルにして、妹に「ここに全部入っているからよろしく」と、存在場所を伝えてある。ただ、妹だっていつどうなるかわからない年齢なので、まだ若くてしっかりしている親戚の娘にでも伝えておこうかなと思っている。

ファイルには書類とともに、〈願い書〉というものを書いて貼ってある。遺言状ほどのものではないが「病になったら」とか「お葬式は親戚で簡単に行ってください」などと書いてある。私がいざとなったらここにあるものを親戚の娘にでも管理してもらい、私の願いのように始末して、彼女にお金が行くようにすればいいかなとぼんやりと考えている。

〈願い書〉を書いたら不安が消えた！

遺言状のような〈願い書〉を書いたことで私は不安が解消されたのである。「この先、病気や何かあったらどうしよう、どうしよう」とずっと不安に思っていた。そんなときに「じゃあ、ちょっと書いてみよう」と思って、メモ程度

「私の〈願い書〉」

これは正式な遺言状ではないが、いきなり遺言状にはなかなかいけない。自分の気持ちを整理するためにも、その前の段階、覚書である。これを書いたらモヤモヤしていた気持ちがスッキリし、漠然とした不安が消えたのである。

1. 病について

75歳を過ぎ、後遺症が大きく残る、あるいは回復不能と判断された時点で、全ての治療を拒否します。痴呆、ガン、リュウマチなどでも、主体的には自然体治療に任せることにします。

※ 後見人がいないので、万が一、自覚のない病となり、自分で決められないときが心配である。決断できるうちに自分の病の将来を決めておきたいと思った。

2. 生活管理について

○○さんに管理をお願いします。（公的後継人手続きに関しては、これから決めます）病で自らの判断が下せなくなった場合には、本人をしかるべき施設への入所をお願いします。生活管理に関しては、現住所所有地を貸し出し、それでまかなって下さい。預貯金などについては、○○と ○○、公的後継人に分配して下さい。死亡後の現所有地は、公的後継人に寄贈するものとします。

※ 病気になったり、ならなくても肉体的に衰えて、生活の管理が難しくなるときが必ず来る。自分で決断できるうちに、自分の意志で将来の生活設計を託しておきたかった。

3. 葬儀について

公的後継人に任せますが、私は仏教徒なので、仏教式でお願いします。墓は○○県○○市○○町の○○寺（電話番号○○○○ - ○○ - ○○○○）です。連絡を取り、納骨して下さい。永代供養の相談はしておきますが、万一のときは相談して下さい。

※ 死を迎えるにあたり、どうしたいかを明確にした。公的後継人を決めることも大切なので決断のできるうちに決めておきたい。

4. 書類・書籍・年金等について

全て中止にして下さい。室内の私の著書は各一冊ずつを残し、全てパール協会に寄贈して下さい（YMCA 横浜、及び水牛家族にも一部寄付）。

※ 死により打ち切らねばならぬ問題について書きだした。これで残すべきこと、処理すべきことが明確になって気持ちが軽くなった。

に書いてみたのだ。病のときはどうしようかな、突然死んだときはどうしてもらいたいかな、と考えながら書いてみた。

書くと意外なことにスッキリして、自分に自由がきかなくなったときの不安がなくなった。これだけやってもらえれば安心、と思えるようになる。**やっぱり不安は自分で勝手に作っているものなのである。**

急病で倒れたときの処置も書いてあるから、この〈願い書〉を縮小コピーして、ミニファイルに入れ、脳内出血で出血多量のときは治療を拒否する意思表示ができるように持ち歩いている。

この〈願い書〉は、身内だけでなく、なるべく多くの人に見せて自分の意思を伝えておいたほうがスムーズに事が進むだろう。自分の自由がきかなくなったときに、残された人が困らないようにはしておきたい。また、これからの人生何があるかわからない。この〈願い書〉は常に見直しも必要である。そろそろ見直さなければならないときが来ていると思う。

「孤独死」でいいじゃないか

「孤独死」というと、寂しくて惨めな死に方のように新聞などには書かれている。でも私は、孤独死はいいと思う。ひとりだから誰にも看取られずに死んでもいいじゃないか。死ぬのはみんなひとりであり、誰かと一緒に死ぬわけでもない。

ひとりで死ぬからといって「孤独死」ではない。「ひとりは孤独」というわけでもない。「孤独死の何が悪い」と思う。それくらいの覚悟がないと、おひとりさまにはなれないのだ。

病院に入院して死にそうになったときにだけ、誰かにかけつけてもらってもしょうがないし、「阿部さん、頑張りなさい」と励まされたって、「イ・ヤ。も・う、が・ん・ば・り・た・く・あ・り・ま・せ・ん」って答えると思う。もうさんざん頑張ってきたので、「頑張りたくない」と答えたい。

死ぬときだって自分で決めたいものである。

認知症になったら、そのときはそのときだ

認知症になったら困る、なんて考えない。それはそれで、自分の好きに生きているからいいんじゃないのかと思う。

認知症についての研究も進んでいて、認知症の仕組みが解明されつつあり、薬も開発されている。脳を活性化するには、仕事をしたり、新しい人と会うなど、そのような行動を起こすことが予防になると研究されている。認知症の仕組みがわかれば、そうならない対策を立てていけばいいだけの話なので、その辺はあまり怯えなくなった。

しかし、脳梗塞や脳内出血、心筋梗塞などはいつやってくるか、予測がつかない。せめてマメに検査をしておきたいものである。

ガンになったら世界一周旅行！

ガン細胞は体内にあるものだからしかたないので、これは気の持ちようだと

思っている。

ガンを宣告されたら手術はしないと決めている。

ガンを宣告されたら、お金を全部はたいて世界一周旅行へ行く。治療はしない。痛みが出たら入院して、痛み止めの薬を打ってもらい、朦朧《もうろう》として死ぬことにしている。

ガンの治療はお金がかかるし、手術しても完全に治るわけでもない。私は死ぬのにお金がかかるのが嫌である。せっかくのお金なのだから自分が気持ちよく死ねるために使いたい。

世界一周旅行といっても一ヶ月ほど回ればいいだろう。

ガンの治療は注射一本で五万円とか、何かをやると一〇万、二〇万円なんて軽くかかってしまい、五〇〇万円なんてあっという間になくなってしまうようだ。それでも生存できるのは二年などと言われたりする。

すごいお金をかけて治療をしても健康体に戻るわけでもない。クオリティ・オブ・ライフが大事。

ガンの宣告を受けた知り合いのお坊さんは、自宅で漢方治療だけをしていた。

元気でもなかったけれど、ずーっと普通に暮らして、八〇歳で亡くなった。

この年ともなれば、もういいやと思う。一生懸命に働いてきたし、やりたいこともやってきた。

これから先やりたいこともあるけれど、それはしかたない。そんなに生にしがみつかないでおこうと思っている。

最後に何を食べて死にたいかというと、私は「鰻重」と「卵かけごはん」で迷っている。

第3章

節約しやすい住まい、しにくい住まい

家でくつろげないと出費が多い

住まいに満足すれば、ムダなお金を使わなくなる

若いときは寝に帰るだけでも平気だが

若いころの生活は、「衣食住」の順番通りに、衣が一番大事で、住はどこでもよかった。ほとんど寝に帰るだけだ。でもある程度の年齢になったら、「住食衣」の順番になる。

暮らしやすい部屋があり、自分が住んでいる街を好きになることができたなら、それはとても幸せなことだ。

家に帰ってホッとすることができれば、あまり遊び歩くこともないので、ムダ使いが少なくなる。住まいが安定していると、心も安定する。そうすると、

ちょっとしたごはんでもおいしく家で食べる。家でのティータイムもなかなか豊かな気分である。外での優雅なお茶代は案外ばかにならない。そうなると、節約にもなる。

このように年を取ってからの住まいは、とても重要である。

住まいのことを考えるとき、最初に問題になるのは「住まいは借りたほうがいいのか、買ったほうがいいのか」ということである。経済的にも気持ち的にもどちらがいいのか。私は誰からも何も言われない住まい、つまり購入した自分の住まいがあったほうがいいように思う。

私の友人は六〇歳を目の前にしてマンションを購入した。彼女はまだ働き続けているので、ぎりぎりローンが組めたのである。彼女曰く、「借金はちょっと大変で、完済できるか保証はないけど、借りているままより不安が少ない。何より〈自分の城〉を持ったということが生きる自信になり、気持ちが落ち着いた。年老いてひとり暮らしをしようとするのなら、やはり持っていたほうがいいと思う。それに不思議なことに、買ってからのほうが貯金ができる！」と言っていた。

帰るとホッとする場所があることの幸せ

ひとりで老いるとなると、ひとりですっくと立たなきゃいけない。根を張って、ひとりでしっかり大木のように立ち、大きく育っていかなければいけない。ひょろひょろしていたらあっちでヨロヨロ、こっちでヨロヨロになる。

まだ若くて行動力と柔軟性があるうちは、どこでも短期間に根が生やせる。だが年を取ると、根を生やすには時間がかかってしまうのだ。

私も四〇代の賃貸アパート住まいでは、何だか仮ものに乗って生きているようだった。しっかり自分で生きている感じもなく、ただ若いときの延長線上にいるような、責務もなくフラつく感じだった。

それが年を重ねて自分で地に足をつけて生きたいと思うようになったとき、マンションを買ったのである。

年を取り子どもの近くへ引っ越したり、ニュージーランドに移住してそこで根っこを生やしたりする人もいる。

自分という木にとって、根を生やしやすい場所や環境を選べればいいのである。それは動物的な勘で選んだほうがいいかなと思う。

私は仕事や旅行であちこちに行くと、いつも、自分はここにずっといられるかと、必ず消去法で考える。

山の中には住めない。どんなに緑豊かでもすごく閑静な住宅地はダメ。喫茶店やそば屋が近くにないのも即刻却下だ。映画館が近くにあるのはマル、商店街が近くにあるのもマル。駅から遠いのはダメなどと消去法でやっていくと、自分が好きで根を生やしやすい場所や環境が見つかると思う。

住まいは生きていく自信に繋がっている。

家に帰ってきてホッとするかどうか。外出していても、その街の近くまで来るとホッとするかどうか。

私は新宿の高層ビル群に近づいてくると、ホッと息をつくのである。

人によってはこんなに空気が汚くて、人がいっぱい住んでいるところなんてと言われたり、親戚がいるわけでもない縁もゆかりもないところなのにと言われたりすることもあるけれど。

私が五三歳でマンションを買った理由

ずっと住んでいられると思っていても、賃貸では、大家さんの都合で建て替えます、アパート経営をやめます、遺産相続で土地建物売ります、など出て行かざるをえなくなるかもしれない。

年寄りには貸せないと急に言われるかもしれない。とても気に入って長年住んでいた部屋を終《つい》の住《す》み処《か》にしようと思っていても、自分ではそれは決められないのだ。

さらに二年ごとの更新手続きでは、現在収入のある人に保証人になってもらわなければならない。保証人には住民票や実印が必要で、気兼ねがある。それに今まで保証人だった人も定年を迎えている。

私が現在住んでいるマンションは、五三歳のときに購入した。

一五年ローンで、月々の返済は約一二万円。それまで住んでいた賃貸アパートの家賃は七万円。

前も書いたが、私はずっと賃貸でいいと思っていた。たまたますぐ目の前の賃貸アパートが取り壊されることになり、顔見知りのひとり暮らしの八三歳のおばあさんは行くあてもなくて最後まで引っ越すことができず、ついには心労のために倒れて入院し、一週間後に亡くなった。その一部始終を見ていた私はショックで賃貸アパートに住み続けるのが急に怖くなり、マンション購入を決意したのである。

借金というものが苦手な私にはローンが重荷で、もう必死の思いで繰り上げ返済を繰り返し、一〇年もかからずに返済できた。返済が完了したときは本当に嬉しかった。

だから若いうちは賃貸でもいいけれど、四〇代後半あたりからは、賃貸でいいかどうかを考えたほうがいい。

たとえば、家族と一軒家に住んでいたけれど、両親も夫も亡くなり、子どもはひとり立ちして、広い一軒家にひとりになってしまった場合。もっと狭いマンションに移ったほうがいいのか、それとも住み続けるか、そういうことでも悩むと思う。

何十年も同じ場所に住み続けている場合、それはその環境が自分にとって、とてもいい環境になっているということだ、と私は考える。

でもまあ、二〇年も三〇年も住み続けたのは「夫がそこに住みたい」と思っていたからで、「自分はその場所がどうしても好きになれなかった」ということもあるかもしれない。そういうときはもちろん、躊躇《ちゅうちょ》なく引っ越しをしたらいい。

家族がいないからこそ、根を生やす場所が必要

住み処とはそこに根を生やして生きる場所だから、最後までそこで根を生やして生きられるのかを自分自身に問うてみるのはどうだろうか？　そのうえで、買うか賃貸にするか、住み続けるか、別の場所に住むかを、考えたほうがいいと思う。ヤドカリのように住み処は考えなくちゃ。

最終ラウンドはニュージーランドやオーストラリアに移住する、あるいは温泉付きの田舎でゆっくり老後を過ごす、海の見えるマンションでのんびり、なんて考える人がいる。

そう考え、新しいところに住んでも、すぐにその土地の人たちに受け入れられ、馴染めるということはないのではないか。

田舎でののんびり暮らしというのは安易な考えで、私は違うんじゃないかと思う。

だって住むということは、そこに根を生やすこと。その地域で買い物もする、病院にも行く、役場にも行く、散歩もする、そこから街へ出かけたりもする。そういう生活をする。

私は今のマンションを買った地域にすでに四〇年近く住んで、この場所が好きだと思っていたことが、マンション購入の大きな決め手だった。

住まいは建物だけではなくて、実は地域環境も大事だ。**マンションの建物やインテリアがどんなにステキでも、環境が自分に合わないと、気に入った住まいにはならない。**

新しい場所へ移るときは、馴染む時間を考え早めに動く

大根を作りたい人は、畑付きの家を買って作ればいい。釣りが好きなら、釣りができるところに行けばいいと思う。息子や娘の住まいの近くに引っ越す人もいる。自分でそうしたければそうすればいいけれど、人間はその場所に馴染むまでにかなりの時間がかかるのである。

だから、現在とはまったく違う環境に引っ越して住もうと思うなら覚悟したほうがいい。どこに住んでも構わないけれど、とにかく馴染む時間が重要なのでその時間も含め考えて決めるといい。

私の友人で、景色が素晴らしい海の近くの家を終の住み処にした人がいる。ステキなところだけど、都心からは遠くてなかなか会いに行けない。彼女が海好きだと聞いたことがないのに、と思っていたら、夫が海の近くに住みたかったらしい。幸せならそれでいいけれど、もし夫が先に死んだら、彼女はその場所が好きになって、その場所に根を生やして、そこに住み続けるのだろうか。

快適な空間があれば、節約しながら満足生活

白クマは極寒の北極圏に生きている。「どうしてあんな寒いところにいるの、暖かいところのほうが暮らしやすいでしょうに」と思う。だけど、白クマが住みやすいのは北極圏なのである。

私たちも生き物だから、それと同じように、その人はその人なりの暮らしやすい場所があって、暮らしている。だから自分の暮らしやすいところで暮らすのがいいのだ。長年暮らしていて、暮らしやすいと感じる場所は、自分に合っている場所なのだと思う。

自分にとっての快適な空間がないと、ひとり暮らしは難しい。快適な土地で快適な部屋があれば、たとえお金がなくて毎日大根とイカの煮物を食べていても、それで満足。それでもやっていける。

でも**住まいが不安定で、その場所や部屋が好きではないと、どんなに上等な牛肉のすき焼きを食べても、どこか不安で落ち着かない**だろう。不思議なもので、安心できる根っこがないと人間はどこか不安なのである。

また、いざとなったらここを売ればいいというのも、自分を支えるものとなる。確かなものはあったほうがいい。

だんだんと下り坂になる人生を支えるためには、地中に深く生やしている根を持っていないと自分が支えられない。不動産を持っているということは、精神的にも現実的にも自分を支えるものになる。

何かあったときに、持ち家があるかどうかで判断されることもある。担保になるものはあったほうが社会的信用にもなる。たとえ貯金で高額の現金を持っていても、お金は消えてしまう。

年を取るほど、やっぱり駅や商店街が近いと便利

私は高校卒業まで新潟で育った。母や弟はずっと新潟に住んでいる。でも新潟は私にとって住みやすい場所ではないと、今は思う。新潟に住むことも考えた。たとえ故郷であっても、冬の雪のこと、厳しい寒さはどうしても苦手である。これは変えようがない。いろいろあって、私は自分の好きなところ、つま

り今住んでいるところに根っこを生やすことにした。

私は都会が好きなのである。

電車の駅からさらにバスに乗るような場所に行くと疲れる、時間を調べて電車やバスに乗るなんて、とてもじゃないけどできない。車の運転もできない。

私が考えているおひとりさまが暮らしやすい場所は、まず駅から歩いて帰れるところ。友だちも遊びに来やすくて、自分が行動しやすいところ。日常の買い物は歩いて行けるところにお店があるのがいい。

それからおいしい和菓子屋、洋菓子屋、パン屋が近くにあるといい。

私の知り合いでもうすぐ定年になる人は、人としゃべらないと頭がシャキッとしないから、年を取って仕事をやめたらどうしようと心配していた。結局、彼女は個人商店の多い商店街の真ん中にある小さなマンションを買って住んだ。肉屋や魚屋、八百屋、クリーニング店の人ともみんな顔見知りになっているので、買い物に行けばおしゃべりができるという。ひとり暮らしというのもみんなわかっているので、お肉100gでも、魚の切り身一切れでも、ニンジン一本でも平気だという。

人と話さないと、頭の回転も悪くなるし、気分転換もしにくいものだ。

私の家の近所にも商店街があり、おしゃべり好きのおじさん、おばさんがたくさんいる。

このあいだ、お店のおじさんの話を聞いているうちに、買ったゴボウを忘れて帰ってきてしまった。

お店のおじさんやおばさんが年を取って、お店を畳んでしまうことがないように祈っては、ときどき通っている。

エコなエネルギーの節約は自分なりの工夫で

光熱費は、エコのためにも節約したい

さて、では住まいのエネルギーについて考えてみたい。

私がいつでも気にしているのはエネルギーの「節約」。それはもちろんお金の節約もあるけれど、私の生活ではエコが外せない。エコロジーのことが気にかかるので、電気代、ガス代、水道代はなるべく抑えたいと思う。

でも減らすのは難しい。特に水道代を減らすのは難しい。東京都は上下水道代なので高い。二ヶ月分の上下水道料金は三八〇〇円前後で、それ以上はなかなか下がらない。何でだろうと思って、トイレのタンクにペットボトルを入れ

てみたりしてあれこれ試したけれど、下がらない。

本当はそういうことをすると、タンク内の設備が悪くなるのでよくないと、TOTOの方から言われたのだが。

今は節水型トイレがある。これまでのトイレは一回の水使用量は13ℓくらいだったのだが、今では8ℓや6ℓになっている。でもひとり暮らしで、それほどトイレを使うわけでもないので、今すぐ新型に替える必要はないかなあと考えている。

ちなみに温水便座は、ふたを開けっぱなしにすると電力のムダに。夏の間は暖めておく必要はない。旅行に出かけるときも同じ。電源オフがおすすめだ。

短時間シャワーで水道代を節約

エコのことが気になるので、ムダな水は使ってはいけないと思っている。私はふだんはバスタブにお湯を溜めず、シャワーにしている。それもなるべく短時間、五～七分間のシャワーである。

友人などが泊まりに来ているときは、お風呂にお湯を溜めて、みんなで次々に入りお湯を抜いてしまう。うちのお風呂は追い焚きができないのだ。引っ越したときのリフォームでやればよかったのに、うかつなことに、当初は追い焚きができないことに気がつかなかった。工事をやり直すにはかなりお金がかかるので、もうそれきりである。どうせ私はバスタブにはたまにしか入らないので、いらない。

夜にゆっくりお風呂に入らないと疲れが取れないという人もいるが、私は目が冴えてゆっくり眠れなくなる。だから朝、出かける前に目を覚ますためシャワーを浴びる。この習慣は変えられない。

温泉は好きだが、やはりそんなに長湯はできない。

洗濯機を使うのは週に一回、小物は手洗い

シャワーを浴びるついでに肌着などは洗う。毎日そうやってちょこちょこ洗濯をしていると、洗濯機を使うのは週に一回程度しかない。バスタオルやシー

ツ、ジーンズなど大ものだけである。

最近はシーツもときどきクリーニング店に出すので、ますます洗濯機の洗濯は少なくなっている。実は私は糊がきいたピシッとしたシーツが大好き！ なのである。これは私の大いなる贅沢であるが、好きなのだからしかたない。重い荷物があってもなかなかタクシーには乗らないが、シーツはクリーニングに出すのである。

手洗いすると水道代はかなり節約できる。うちの洗濯機は古く、一回の洗濯で使う水量が135ℓにもなる。手洗いなら洗面器を使い5ℓの水で洗える。それで、身につけている物はコマメに手洗いしている。シミがついているわけではなく、汗くらいなので、簡単に洗える。

バスタオルはひとり分でいいので、使用後必ず広げて乾かし、次の日にまた使い、替えるのは週に二回ほどである。

寝室は、湯たんぽが大活躍で暖房いらず

冷房は極力使わないので、夏は電気代はかからない。猛暑のときも28℃設定で使う。私は寒いのが苦手で冬はからきし弱いが、夏の暑さにはすこぶる強いのである。

一年を通すと、夏の電気料金はとても安いが、冬は「エコじゃなくて、すみません！」と言いながらも、ガス暖房使用のためガス代が高くなる。まあそれでも、一年で平均すると月五〇〇〇円弱である。家の広さは約70㎡、そんなもんかなと思っている。

冬の暖房は、ホットカーペットとガスストーブ。昼はよく日が当たるので、暖房の使用は少ないが、朝と夜はガスストーブをつけて、ホットカーペットも使う。

寝室には暖房を入れず、湯たんぽを使っている。湯たんぽは、ほどよく足元が温まり、気持ちよく眠れる。

湯たんぽの一代目はブリキ製だったが穴があいてしまい、今は銅製と北欧で

買ったゴム製を使用している。それに、小さめのゴム製湯たんぽも購入したので、まだそれほど冷えないときは小さめを使い、寒さが本格的に厳しくなってきたら、ゴム製を使う。銅製湯たんぽは温まるが、重く水の出し入れに手間がかかって手軽さに欠けるので、最近は出番が極端に少なくなった。年を取ると、重くて使い勝手の悪いものは使いたくなくなる。

ゴム製湯たんぽは、水枕にもなり便利である。夏に暑くて眠れないときは、氷水を入れて水枕にして寝る。寝苦しさがかなり軽減する。

また、うちの寝室は冬は暖かいが夏は地獄に近い。窓のカーテンを断熱効果の高いスクリーンに替えた。それに加え外壁はよしずやすだれを取り付け、スクリーンとの二重対策である。さらに夏は北向きの和室で寝たりする。猫のように家の中で、より眠りやすい場所を求めて移動している。気分も変わって一石二鳥だ。

ガス代はストーブと湯沸かしがネック

エネルギーの中でもガス代は冬になると高くなる。ガスストーブを使い、お湯も頻繁に使うためである。しかも給湯器の電気パネル点灯中は、ガスの口火もつきっぱなしである。給湯器の電気パネルの待機電力量は家庭の電化製品の中で最大級なのにである。

夏場は一ヶ月二〇〇〇円以下だが、冬のいちばん寒い時期は八〇〇〇～一〇〇〇〇円にもなってしまう。

私の友人で自分の家では風呂に入らず、公衆浴場に入るという人がいる。六〇歳以上になると、いくつかの高齢者向けのセンターなどで、時間帯によって浴場が無料で利用できる。

おひとりさまの友人は週に二回ずつ、無料の公衆浴場に通うようにしたら、ガス代がなんと一ヶ月一七〇〇円になったと驚いていた。

うちのお風呂は小さくて狭いので、そういう公共施設があるならぜひ利用したい。もし足腰が弱くなったら、そのときはデイサービスという手段もある。

冬は部屋全体よりも足元を暖めるのがコツ

ひとり暮らしの暖房器具は何を選ぶか。

以前は灯油ストーブだった。灯油は安くて暖房費がそれほどかからなかったからだ。しかし、灯油を届けてくれるところがなくなり、灯油を買うのもひと苦労になってしまい灯油ストーブは断念、ガスストーブに変更。

また、年を取り、ストーブにポンプで灯油を入れる手間も面倒になった理由もある。

灯油ストーブよりガスストーブのほうが安全かもしれない。

思い出してもゾッとする経験がある。何年か前、ガスストーブを消すのを忘れ、つけっぱなしで出かけてしまった！

夜遅く帰りそのまま寝て、翌日、お風呂に入ろうと思ったら、ガスがつかないのだ。問い合わせたら、二四時間使い続けた状態になると安全装置が働き、安全弁が降りてガスがシャットされる。安全弁を解除する方法を聞き、簡単にガスは復旧したが、背筋が凍った。こういうサービスがあってよかった！それにしても年を取ったら、出かける前に指差し確認が必要と、つくづく思い知った。

そうやって考えると、いちばん楽で安全なのはエアコンである。

しかし、私はエアコンが嫌いだ。部屋全体の空気を暖めるまでに時間がかかるうえに、非効率的だ。

暖まった空気は上に昇るので、下のほうはなかなか暖まらず冷たい。

しかもうちはテーブルとイスの生活ではなく、居間も客間も座卓式なので、床に近い空気が暖まらなければ寒くて冷えるのである。それでホットカーペットを併用している。

ホットカーペットに座り、厚手のソックスをはき、ひざかけをしていれば、かなり暖かく過ごせる。

客間には一畳のホットカーペットを座卓の両側に一枚ずつ敷いている。以前は四畳ほどのカーペットを敷き、その上に座卓を置いていたのだが、ある日「座卓の下を暖めてどうするの、バカじゃないの」と気がついた。うちの座卓は一畳分くらいもある大きなものなのに、その下まで暖めていたのである。

不必要なエネルギーに気づき、一畳用のカーペット二枚で座る部分を暖めている。

余分なところまで暖めない、これは節約でもエコでも大切である。

もちろん使わないときはコマメに切っている。

薄くて暖かい下着は必須アイテム

冬のエネルギー節約を考えるとき、ホームウエアも考える必要がある。暖かく過ごすために、もはやヒートテックのインナーは欠かせない。暖かいうえに薄くて軽くて動きやすい。

昔はラクダのシャツを着ていた。暖かいけれど高かった! ユニクロやしまむら、イオンなどのヒートテックシャツは一〇〇〇円前後で暖かいのに軽いし、安いし、洗濯してもすぐに乾く。超優れモノである。暖房費も全然違ってくる。

価格が高ければ品質がいいとか、品質がよければ価格は高いとか、今までの常識が崩れ経済的にもトクになっているのである。世の中はどんどん変わるから、やはり新しいものは試すに限る。

故郷の新潟へはアウトドア用下着で防寒完備

都会にいるときはヒートテックシャツがちょうどいい。郷里の新潟の冬は寒い、家も古く本当に寒い。

そんなときはアウトドア用のインナーを愛用している。アウトドア専門のメーカーのノースフェイスやモンベルなどのアウトドア用のインナーは、登山用でもありとても薄く超暖かい。手放せない。もう一〇年以上着用し毛玉ができているが、今でも変わらず暖かい。

デパートのスポーツ用品売り場で買い求めるのだが、ユニクロの一〇〇〇円のヒートテックに比べると高めで、二〇〇〇〜三〇〇〇円はする。しかし一〇年も着られるので、結局は安い買い物になる。

冬に新潟に行くときは、これらのメーカーのアウトドア用のシャツとスパッツをしっかり着込んでいくのである。

ついでにつけ加えておくと、冬用の肌着として、古くなったカシミアセーターを着るのも手だ。

首や袖口がのびてしまったり、毛玉ができて、外出用にはちょっと無理になったカシミアセーターの二次利用である。だから私は、カシミアセーターだけはボロボロになっても処分はしない。

夏はとにかく風通しをよくして、空気を動かす

寒さに弱いが、暑さには強いので、冷房の稼働率が低い。

暑い日は「やれやれ、暑かったな」と帰宅し、まず、すべての窓を開けて風を通す。風通しのいい部屋なので、それだけでずいぶんと涼しくなる。そしてシャワーで汗を流せば、ほとんど冷房の必要はない。

ものすごく暑かった日は、とにかく風を通し空気を入れ替えてから、冷房を入れる。暑いからといって、すぐに冷房を入れることはしない。

窓を開けずにいると、部屋の空気が淀んでしまう。朝も起きたらすべての窓

を開ける。

ひとり暮らしだから、自分で窓を開けて、空気を動かさないと、淀んだ空気が一ヶ月も、一年も部屋に漂うことになりかねない。

「我が家のエネルギー・1年間の流れ」

単位：円

	電気代（40A）	ガス代	水道代
1月	4,262	8,385	
2月	4,021	9,338	3,804
3月	4,303	7,241	
4月	4,115	6,156	3,804
5月	3,951	3,882	
6月	2,713	2,553	3,804
7月	3,350	1,717	
8月	4,072	1,585	3,943
9月	5,730	1,730	
10月	3,731	2,016	3,597
11月	2,796	4,820	
12月	3,507	8,385	3,620
計	46,551	57,808	22,572
月平均	3,879	4,817	1,881

第4章

モノを減らせば、それだけで節約生活

いちばんラクで疲れない省エネ片付け術

スペース持ちになることが、最高の贅沢

スペースをお金に換算すれば

洋服でも食器でも家具でも、いつか使うことがあるかもしれないと思うと、なかなか処分できない。でもモノが増えると、狭くなるし、片付けの時間もかかる。

私のモットーはスペース持ちになること。これがいちばんの贅沢だと思っている。

地価の高い都会の真ん中で、居住スペースがいらないもので塞がれたらそれだけで損した気分になる。**モノがなければ自分の自由なスペースになる。「モ**

ノ持ち」ではなく「スペース持ち」がいい。

特売でトイレットペーパーが超お買い得でも、日用品をストックするスペースからはみ出してしまうようなら買わない。私は何よりゆったりしたスペースが好き。モノがなくて広い部屋はすごく気分がいい。気持ちが豊かになって心地よいのだ。

うちの客間は、座卓のほかは、観葉植物や電話台くらいしか置いていない。狭いスペースが大きなソファやら家具やらで塞がれるのはもったいないので、何もないスッキリした客間を心がけている。ふだんの生活をしている居間はテレビや座卓や棚が置いてあって狭いが、客間には何も置かない。こういう空間があると気分が落ちつく。これが最高の贅沢だと思う。

モノが多いと、管理に手間とお金がかかる

もったいないから捨てられない――よくそう言う人がいる。でも、これは本当にもったいないことなのだろうか？

洋服がたくさんだと、探し出すのに時間がかかる。収納スペースが必要になる。管理をする手間と時間もかかる。どこへしまったのかわからなくなって、また同じような服を買ってしまう……。ついには取り出しやすい場所にある決まった洋服を着ることになるのではないだろうか。

洋服の枚数が少なければ、自分がどんな服を持っているか一目でわかるし、コーディネイトもしやすい。似たような服を買うこともない。服を探す手間もいらない。

服を収納する場所もいらないから、服の収納に頭を悩ますことがない。第一、体は一つしかないのである。一度にたくさんの洋服は着られない。クリーニング代もかかるうえ、手洗いするにしても大変である。

食器でも鍋でもタオルでも同じことである。モノが多いと、節約生活ではない。少ないモノを大事に使い続けることがエコで節約生活なのである。

「一目瞭然クローゼット」にしたら、洋服がほしくなくなった

私もかつては部屋中に洋服があふれていた。洋服を買うのが大好きだったのである。自分では工夫して収納しているつもりだったが、いつの間にか、探している洋服がどこにあるのかわからない状態になってしまった。

そこで一大決心をして、幅約2m50cm、奥行き約70cmの作りつけのクローゼットを作った。着たい服がすぐに取り出せるようになり、嬉しかった。部屋がスッキリしたし、服を探す手間が大幅に減った。

節約効果はそれだけではなかった。

一目瞭然に服が並んでいると、「着る服がこんなにあるよ」と言われているような気がして、洋服を買わなくなったのだ。

さらにクローゼットを作ってから衣替えが不要になった。とても楽である。その季節に着ている服の場所を動かすことはある。が、衣装箱から服を出し着用した服を手入れして入れ替え、防虫剤を入れてしまう、という煩わしい衣替えはもうしない。この作業はとてもシンドイので、それをしなくてもいいク

ローゼットにしたのである。暑くなればこれを着て、肌寒い日はこっちを着てという、臨機応変な服選びと着方ができる。気候の違う海外へ行くときにも手間がかからない。

衣服の手入れも、四月になったらまとめてクリーニングに出すという大規模なことはしない。冬でも、これは夏にいっぱい着たなと思う夏服の手入れができるからだ。

ひとりだし、自分の服しかないのだから、気がついたときにやればいいというこ と。

しかも全部自分の時間、自分のスペースなので、自分の好きにやっている。

クリーニングに出さず、自分で洗う

シーツをクリーニングに出す私なので、あまりクリーニング代を節約しているとは言えないが、ウールニットはほとんど家で洗っている。洗濯機のソフト洗いコースで、全部洗う。洗濯機でも平気なのでもう手洗いはしない。それまで私はずっと手洗いしていたが、手で洗うのと、洗濯機の手洗いコースでは、洗い上がりが同じだと気づいたからだ。それからは洗濯機にお任せしている。試しながら私のやり方も少しずつ変わってくるのである。

ドライクリーニングに出しても皮脂しかとれず、タートルネックのセーターなどは、家で洗ったほうがさっぱりして気持ちがいい。

洗濯機の手洗いコースで洗うときの注意点は三つ。二～三枚ずつ洗うこと。水で洗うこと。洗い終わったらすぐに干すこと、である。

クリーニング店は選んで活用

上手いクリーニング店は個人商店が多い。そのような店とは懇意にしていたい。その店で裾上げ、ほころびなどもお願いできるといい。私が好きなクリーニング店は朝の一〇時までに出すと割引があるので、早起きをして（私にしては）持っていく。早く仕上げてもらいたいとか、融通もきくのでありがたい。

クリーニングには新しい機械や溶剤が開発されているので、大手がいいかと思ってしまうが、そういうわけではないと思う。大きな店、チェーン店はやはり効率主義になるようだ。クリーニング工場も見学に行ったことがあるが、すべてが手技ではなく機械任せだったので、それほどいいとは言えないような気がしている。

シミ抜きはプロにお任せ？

クリーニングにはあまり出さないが、やはり自分でも限界がある。このあいだ、ウールのカーディガンに目立つシミを作ってしまった。自分でいろいろやってみたがきれいに取れない。クリーニング店に出したらすごくきれいになって返ってきた。やっぱりプロの力は違うな、セミプロじゃダメだなとガックリしてしまった。

私は普通の人よりはシミ抜きの知識も技もあるので、すぐに処置をすればきれいに取れるけれど、時間が経ってしまい、何のシミかわからないときは、なかなか上手くいかない。

クリーニング店では、「汚したときは自分でいろいろな処置をしないで、とにかく何もしないで持ってきてください」と言われるけれど、それは本当である。自分でいろいろやるよりも、腕のいいクリーニング店に早く持って行くことが大事だ。

掛け布団は自分で洗い、冬毛布はクリーニングに

前述したが、私は糊が効いたシーツが大好きなので、クリーニングに出す。自分で洗濯すると糊付けしてアイロンをかけなくてはならない。これがすごいプレッシャーでやりたくない。と言っても、しょっちゅう出しているわけでなく、一ヶ月に一回程度。クリーニング中は、自分で洗えるポリエステルシーツを使っている。

こんなことができるのがステキなおひとりさま生活だと思う。家族が大人数では、シーツをクリーニングに出さず、自分で洗濯すると思う。一枚ならクリーニングに出せるが、家族四人分のシーツをクリーニングに出すとなると、節約

にならない。ああ、ひとり暮らしでよかった！　と思う瞬間である。

その他クリーニングに出すのは毛布である。大きな毛布を使っているので、現在のうちの洗濯機には入らず洗えない。浴槽を使い自分で洗ったこともあるが、持ち上げるだけでも大変で大変で疲れ、以後クリーニングに出している。寝具でも掛け布団は洗える薄めのものを二枚重ねで使っているので、一枚ずつ洗濯機で洗っている。

友人から五〇〇〇円で購入した洗濯機を、もう二〇年も使っていて、水の使用量も多く新しいものにしたいのだが、まだまだ使えるので、なかなか買い替える決断がつかない。ひとりでは動かす回数も少ないから壊れないらしい。近年は洗濯機の性能はよくなっているが、その分高額なので、壊れない限りは買い替えられない。

労力を節約できる省エネ掃除術

モノを減らせば、掃除の回数も減らせる！

私は掃除が嫌いである。掃除用具の開発をしているのは、掃除が嫌いで、いかに簡単にラクに掃除ができるかを真剣に考えているからなのだ。

電気代も水道代も労力も節約できて洗剤もいらない掃除方法とは、「早め、早めにやること」。これしかない。

汚れたらすぐに拭き取る、ホコリが溜まらないように、気がついたときにブラシをかける、これだけで部屋はきれいに保てるのである。

キッチンのガス台のまわりでも、毎日一分でもささっと拭いておけばいいのである。棚の上や本棚も、ホコリが見えたら、ブラシや手袋でサササッとホコリを落としておけばいい。

浴室の掃除も、毎日シャワーを浴びた後にやる。

体や髪を洗い終わったら、まずは「スクィージー」で壁や床を擦りながら水を排水口のほうに集める。次に浴室用の「マイクロファイバークロス」で鏡を拭き、蛇口を拭き、ドアのパッキンも拭いて、最後に床の水分をきれいに拭き取り、クロスは浴室のバーにかけて乾かすだけでおしまい。五分とかからない。

浴室はいつも乾燥していて気持ちいいし、カビも生えない。大掃除の必要もない。

気がついたときにやればお金も手間もかからない。これは本当である。私だって、このように掃除をすれば結局は手間がかからないと気がついたのは五〇代になってからである。おかげで大掃除が必要ないのでラクである。ぜひやってみてほしい。

掃除用具はサッと使えるように揃えておく

掃除をサッとやるためには、掃除がしやすい用具を揃えておくことと、しまいこまないで、すぐ使える状態にして部屋のあちこちに置いておくことだ。

掃除は嫌いだが、掃除用具は好きである。ブラシがとにかくいっぱいあり、友だちには「ブラシ・フェチ」と笑われている。

手の届くところに、ブラシがあれこれぶら下がっている。ササッと棚のホコリを払ったり、天井のホコリを取ったり、カーペットの猫の毛を集めたり、さまざまな用途のブラシが部屋のあちこちに置いてある。

人によっては、こんなに部屋の中にブラシがぶら下がっているのは嫌だと思うかもしれない。でもそれは趣味だ。よく刺繍だのパッチワークだのをやっていて、作品を家の至るところに飾っている人がいるけれど、私には信じられない。それと同じである。こうやってブラシを飾っておけるのも、おひとりさまだからこそ。心おきなくぶら下げておける。

掃除機をかけるより片付け優先が省エネ

家の中は、やはりきれいなほうが気分がいい。だから私は掃除機をかけるというよりも、いつも整理整頓をしている。きれいに見えるようにしているだけで、実はあまり掃除はしていない。

先ほど「スペース持ちになる」と書いたけれど、スペース持ちになるには、部屋がゴチャゴチャしていては絶対に果たせない。モノを少なくし、片付けだけはコマメにするようにしているのである。

何といっても**自分以外に部屋を汚す人がいないのだから、自分が片付けていれば部屋はきれいに保つことができる。**

ひとり暮らしなのだから、自分がゴチャゴチャしたところでいいなら、それでいいけれど、私はそんなところにいると気分が悪い。イライラしてくる。新聞が読みっぱなしになっているとか、書類が座卓に山積みになっているような状態にはしたくない。そういう乱雑な状態になると、イライラの頂点に達してくる。

毎日そんなに片付けられないときもあるけれど、なるべくスッキリとしていたい。

使ったら、モノはとにかく定位置に戻す

毎日掃除するよりも整理整頓。とにかくモノは定位置を作り、使ったらそこに戻すようにすること。それが整理整頓で大切なことである。

食事の後は食器を洗い、しばらく伏せて水を切る。その後にふきんで拭き、しばらくまた風を通して、寝る前または翌朝起きたときに定位置に戻す。これだけをしておけば、キッチンだっていつもスッキリする。

モノの定位置は取り出しやすく、しまいやすい場所に作ること。ひとり暮らしは自分しかそれを使う人はいないのだから、自分が使いやすいところに定位置を作ればいい。使ったらそこに戻す、その動作の積み重ねだけだ。

寝る前には部屋を片付けるとか、朝にやるとか、日曜日は掃除の日とか決めてしまうと、それができないときにストレスになるので、とにかく使ったら元

の位置に戻す。それだけやるようにしていれば、部屋はいつもスッキリしているし、結局は労力も省エネだ。

玄関がきれいだと、家に帰るのが楽しくなる！

ひとり暮らしなのに、玄関に靴が多くグチャーと並んでいる家はけっこうある。靴箱に入りきらず、いつも玄関に何足も出ているのである。

ひとり暮らしは、自分のほかは誰もいないのだから、玄関に靴がどれだけ並んでいても困らないのだが、私は外出から帰ってきたとき玄関がゴチャゴチャしているとテンションが下がり、急にワーッと疲れが出てきてしまう。ゆえに玄関のたたきに出ている靴は一足だけと決めている。

外出するときに、靴を何足か出したとしても、帰ってきてからしまうのではなく、五秒を惜しまないで、靴箱にしまってから出かける。

後でいいと思ったとたん、どんどん積み重なって出しっ放しで汚くなり、帰宅したときに気分が悪くなるのは目に見えている。

靴箱に入るだけの靴しか持たない、と決めるのもいい。

スッキリをキープするには、お客を呼ぶのがいちばん

友だちでも孫でも、誰でも構わないけれど、人が出入りするような家は比較的整理整頓されている。

来客があったのは、いったいいつのことだろう？……と思ってしまうような家もある。人が呼べない状態だから、人を呼ばなくなって、ますます片付けなくなってしまう。**定期的に友だちを自宅へ招いたりするのは、ひとり暮らしにとって大切というより「必要」である。**

誰にも文句を言われないひとり暮らしだからこそ、整理整頓が苦手な人は、手がつけられない状態になってしまいやすい。

しかも、年を取るとだんだんと体力も気力も衰えてくるので、なるべくやらない方向へ、都合のいい方向へと考えてしまうもの。

整理整頓ができず、毎日窓も開けずに空気が淀んでくると、住んでいる人の

気持ちまで淀んでしまいそうだ。毎日窓を開けて、風通しのいいスッキリ片付いた家に住んでいないと、ダラダラお金を使って、節約だってなんだって、どうでもいいという気持ちになりそうで怖い。

節約は一生の目標である。ときどき刺激を与えないと、いつの間にか気持ちが萎《な》えてしまうのだ。

収納や洗濯や掃除の方法は、『老いのシンプルひとり暮らし』（だいわ文庫）に詳しく書いた。興味のある方はそちらを参照されたい。

第5章

満足ひとりごはんが節約生活成功のカギ

おいしく食べきるから、ムダなし！

おいしく食べきるための私の工夫

エコに繋がると無理なく節約できる

私は食べることが好きである。食費の節約はしたいが、おいしいものは食べたい。できるだけ外食は控えて、自分で作って食べる。おいしい食材を手に入れるために多少高いものを選ぶこともあるが、必ず使いきり、ダメにしたりしない。食材をきちっと選んで食べきる。

ここまで書いてきたように、ヘタレ節約生活だが、エコに繋がる節約ならすぐにできる。こと食事に関しては、かなりエコ節約ができているはずだ。

おいしく食材をちゃんと食べきるために私なりの三つの工夫がある。

１　食べきれるような「量」を選ぶこと
２　食べきるためのおいしい「食材」を選ぶこと
３　食べきるために、おいしく仕上げる「料理法」を身につけること

この三つは大切である。まずいものを無理に食べるのは嫌である。もったいないからこれを食べなきゃという事態になっても、だんだん年を取ると、食べたくないものは食べられなくなるのである。

料理の腕を磨き続ける

食材をムダなく使っておいしい料理を作るには、料理の腕が必要である。今でもそうだが、特に若いころ、私は料理の腕がなかったので、自分の作ったものはおいしくなかったんじゃないかと思う。

たしかに料理が上手でないと、自分が作ったものでも食べるのが嫌になってしまう。料理の腕は上げていくしかない。**おひとりさまには、ひとりで食べて**

も十分においしい料理が作れる腕が必要なのだ。そして、料理の腕はいくつになっても上がるのである。

昔より、私の料理の腕は上がっていると思う。料理を作っていると腕は上がる。作らないと腕は上がらない。だからできるだけ料理を作るようにしてきた。自分ではよく覚えていないのだが、妹や友だちによれば、私は若いころは好き嫌いが多く、あまり食べず、お酒ばかり飲んでいたらしい。食への欲がそれほどなかったのかもしれない。

料理の腕が上がるにつれ、加速するように食に対する欲が出てきたような気がする。面倒くさいことはやっぱり嫌だが、「うまいものを食べたい！」という気持ちが加速して大きくなっているので、自分でせっせと作る。気に入ったものは、作り続けても、食べ続けても、平気である。

おいしい食材は、やはり何となくうまくできてしまうことが多いので、料理に自信がなければ、多少高くてもおいしい食材を選ぶのもいいだろう。それも料理が面倒にならないコツである。そして「マメに味見をすること」は、おいしい料理を作るためには欠かせないことも忘れてはいけない。

自分でおいしく作れれば、「満足感と節約」の一挙両得

食べることが好きなほうが、ひとり暮らしはうまくいく。食べることに関心が薄いのにおひとりさまになると、もしかしたらダメかもしれない。食べることは生命力だから、生命を維持していく力がうまく働かないように思う。

今は高齢者向けの給食サービスもある。比較的低料金で利用できるが、それでも安くはないから節約できないだろう。

給食は塩分控えめでカロリー計算がしてあり、健康的な食事を届けてくれるかもしれないが、そこには自分の「好み」や「気分」や「意思」が入っていない。今日は果物が足りなかったな、カルシウムが足りなかったな、ちょっと酸っぱいものがほしかったななどと、自分で考えるほうがいい。

そして、自分が食べたくないものが届いたらどうするのだ？　**私は食べたくないものは食べたくない。食べたいものを食べたいのだ。**食い意地が張っていることが大事である。極端な偏りは禁物だが。

使いきることが大事。「お買い得」に飛びつかない

食材はおいしいものが安く手に入るのがいちばんいい。

しかしひとり暮らしの場合、安い食材を最優先で手に入れることには、あまり意味がないと思う。家族が多くて、しかも育ちざかりの子どもがいると、量がたくさん必要になるので、食料品の安売りも意味があるけれど、おひとりさまでは意味がない。

歩いては行けない遠くのスーパーで、100g七〇〇円の牛肉が五六〇円になっていたとしても、それを買い求めるためのエネルギーと時間を割くことは、果たしてどうか？　ひとりで食べる肉の量なんて多くて150gぐらいなのだから、二一〇円しか違わない。

たまたま買い物に行ったときに安くなっていたら、ラッキーと思って買うけれど、そのためにわざわざ買いに行くことはしない。天秤にかけると、**安売りはイコールお得ではない**のだ。

また、安いからといって買い溜めをするとムダにする。それよりも新鮮な食

材をマメに買って新鮮なうちに食べたほうがいい。すぐに使う予定のないものは、雑に扱ったり忘れたりしがちだ。ひとり暮らしでは、食材をダメにせずに使いきることに力を注いだほうが、よっぽど節約になる。

買い物は融通のきく個人商店が便利

私は、肉屋でも魚屋でも八百屋でも個人商店のほうが節約できると思う。肉屋では１００ｇなんていう少量のオーダーでもＯＫだし、お願いすれば小さく切ってくれたりして、細かい注文にも応じてくれる。魚屋でも内臓を取り、開いて三枚に下ろしてもくれる。八百屋でもお願いすればニンジン一本、玉ネギ一個から売ってくれる。

大量に買ってしまうと、それを使いきるための料理ばかりを考えていなければならないので大変である。それに重い荷物になるのはもっと嫌だ。

個人商店のいいところは、お店の人と顔見知りになっておしゃべりできることだ。顔見知りの客には、おいしいところを売ってくれるだろう、それにおいしい食べ方も教えてくれる。おひとりさまにとって、こうやっておしゃべりできて知恵が手に入る店があるというのは大事なことである。

不況で個人商店は潰れやすい。多少値段は高くても、気に入った店で買うようにして、その店が潰れないように貢献し続けたい。

食材を使いきるためには小さな冷蔵庫がいい

二〇〇九年にホームステイしたノルウェーのお宅の冷蔵庫は大きかった。いろんな国の多くの家庭にホームステイしてみたけれど、**どこの国でも、大きな冷蔵庫の場合、モノをダメにする**というのがよくわかった。近くにスーパーマーケットがあるのに、ついつい食材を買って詰め込んでしまうのである。

ノルウェーの家でも、ダメになりそうなレタスを処分したり、残っている野菜で重ね蒸しを作って野菜室をスッキリさせ、冷蔵庫整理をしてきた。料理もたくさん作ったので、「もっといてほしい〜」と言われてしまった。

例外はドイツ。ドイツには何度も行ったけれど、ドイツ人はどこの家庭も真面目に食材の管理をしっかりしていた。冷蔵庫の中もきれいだった。

ちなみにわが家の冷蔵庫は、高さが１３７・５cm、容量２４６ℓというコンパクトなものだが、おひとりさまはこれくらいのサイズで十分間に合う。余計なものも買わなくなる。

食材や料理をダメにしないためには小さな冷蔵庫が都合がいい。冷蔵庫や冷凍庫に食材を溜めこまない。食材を使いきる日を作る。

これが大切である。

楽しく、賢く、おひとりさま外食術

どうしても、自分で作れないものを食べたいときもある

私の場合、基本は家でごはんを食べるが、三六五日それではやはり気持ちが行き詰まる。

外食では自分では作れない料理を食べる。それは徹底している。私にとってはそばと寿司と洋食。洋食は嫌いではないのだが、どうしても自分では上手く作れないので、たまに外食する。近所に、安くてボリュームがあり、ワインもおいしく、お店の方もおすすめ上手で、とてもいいお店を見つけたので重宝している。

そば屋は普通のそば屋とおいしいそば屋の二軒があって、それぞれ、気分で行く。

どちらも家族ぐるみでお店をやっている。今のそば屋は利幅が少ないので、人を雇ったらやっていけないのだと思う。

家族でやっているお店は味が変わらないし、ちょいとワガママがきく。たとえばそば屋にサラダなんてないけれど、たまに「すみません、キャベツだけで結構なので、サラダください」と言うと、二〇〇円とかで作ってくれる。ありがたい。

私は外食でおいしいものを食べると、できれば味を覚えておくようにして自分でも作ってみる。自分流で何回も挑戦するのである。回数を作るので、まるで理科の実験を繰り返しているような感じになる。

近場で、ほどよい値段の通いやすい店を探す

おひとりさまにとって、居心地よく過ごせて、おいしく食べることができる

お店がいくつかあることは大切である。料理だけでなく、お店の雰囲気やお店の人の対応も心地よいことが大事だ。

ほどよい常連の立場がいい。顔は覚えてもらって、居心地よく、楽しければいいと思う。できれば近所の店。ちょいと行こうかなと思ったら、サンダルばきで行けるくらいの気楽さが好き。きちんとした格好に着替え、電車に乗って行くのは友人との会食だけでいい。ふだんはお金を使わず、気楽に行ける店に行きたい。

常に新しい店を開拓しているワケ

同じ店にばかり通っていては、私は飽きてしまう。この年になって、改めて自分が好奇心旺盛だが飽きっぽいことを再確認している。

だから気に入った店があっても、そこで満足してしまうのではなく、チャンスがあれば新規開拓を心がけている。ときどき、行ったことがないお店を見つけると気になって、ここで食べてみたいなと思い、「外食をしようかな」と思った日に「今日がチャンス！」と行ってみるのである。

せっかく行っても、マズイ店にあたってしまうときもある。そんなときは「金返せ」と言いそうになるので、抗議の気持ちを込めて、いっぱい残してすぐにお店を出る。

お店の中まで入ってしまっても、外観と店内の雰囲気が想像していたイメージと違い、あ、これはダメだと思ったら、「いらっしゃいませ」と言われても、「あ、すみません、ちょっと用事を思い出しました」と言って、お店を出てしまう。

若いころは「ちょっと違ったかもしれない」と思っても、引き返せず、マズイ食事をしてしまうこともあったけれど、もうそんなことはしない。

こんなふうに食のことを書いていると、節約と言っても本当にアンバランスなことをしているなと、我ながらあきれるのだが……。

それともう一つ、これはおひとりさまにおける一種の危機管理なのだが、新しい店を開拓していないと、近ごろでは、突然その店が閉まってしまうこともある。

店主が、年を取って体がきつくなる、病気になる、不況で経営が上手くいかなくなる、建て替えでほかの場所に移動する、などなどである。

そんなとき、お気に入りの店が一つだけだとお手上げだ。どの店に行けばいいのかわからなくなってしまう。

食生活の彩りというか、アクセントがなくなるのは、おひとりさまにとっては案外、大きな痛手なのである。

第6章

ひとり暮らし流・食材使いきり料理のコツ

安くておいしい旬のものをメインに！

コツ1

自分が食べたいものを作る

私は食材をダメにすることはほとんどない。使いきってしまう。たいした料理は作っていないが、食材を使いきっている私の料理をこの章では紹介したい。最初は料理の本を見ながら、レシピと同じように作ってみるのだが、その次からは適当に味を見ながら仕上げる。吉沢久子先生に教わったことは「味を見ること」。味見をマメにしないと、自分の味になっているかいないかわからない。レシピ通りに作ったからといって、おいしいとは限らない。レシピはあくまで参考。どんな食材や調味料を入れるか、手順を参考にする、その程度である。とにかく味見は大切である。

おいしい料理を作るコツは、自分の食べたいものを作ること。その日の気分によって食べたいものを作るのに限るのである。

コツ2

マイ・ブームを楽しむ

食事にもマイ・ブームがある。

たとえば昼食。基本は一汁三菜で、ごはんに味噌汁、おかずなのだが、最近はサンドイッチに凝っていて、トーストサンドを作ることも多くなっている。

少し前まではそばに凝っていて、あちこちのそば屋を食べ歩いていた。だから友人知人から、あんなにそば好きだったのに、とか言われ、顰蹙《ひんしゅく》をかうのである。マイ・ブームはけっこう変わるので、そう言われても困ってしまうのだ。

しかし、こうしてマイ・ブームを堪能できるのもおひとりさまの特権。同居人がいれば、やっぱりお昼はこれを食べたいとか、朝はこれを食べなくちゃ、などと言われるけれど、同居人はいないから、マイ・ブームのままに食べたいものが食べられるのである。

コツ3

旬の素材はおいしく、体にもよく、節約になる

ひとりだから、一度にあれもこれもは食べられない。ゆえに基本的に旬のものを優先して買う。旬のものはやっぱり安くて手に入りやすい。

冬なら白菜、大根、レンコン、カブなど根菜が中心。魚介のカキも大好物だ。春ならキャベツなどの菜っ葉類、それにタケノコ。毎年タケノコの季節が来るのが嬉しい。夏が近づけば茹でたそら豆や枝豆、キュウリ、ナス、トマト。トマトとバジルとモッツァレラのサラダは大好物だが、これは夏にしか作らないことにしている。秋は何と言ってもキノコ、秋ナス、青菜類、イモ類など。

ひとりで楽しく、ときどき誰かと一緒に楽しく。どちらもおいしい！

コツ 4

苦手なものは無理に食べない

実は私はニンニク、玉ネギ、長ネギ、ニラなど、硫化アリルがたくさん含まれている野菜が苦手である。料理にニンニクを使うことはまずない。玉ネギや長ネギは火が通っていれば食べられないことはないが、オニオン・グラタンはダメである。カレーは、食べたあと玉ネギが胃の中で固まって残るような気がする。冬になり白菜や大根はよく買うけれど、長ネギはあまり買わない。ニラは割合好きだが、卵焼きに入れるときは、よ〜く炒めてから焼きあげる。

やはり体に合わなくなった物は、自然に食べなくなり買わなくなる。胃液が分泌されず、苦手なものは受け付けなくなるのだ。健康によいと言われている食材でも、どうも苦手だと感じる物は自分の体に合っていないことが多い。

大根

大根は1本で買ったほうが断然安い！　ジアスターゼが多いので消化がよく、多めに食べても胃もたれしない。千切りにして生のままサラダで使う、煮物にも味噌汁にもするので、1本で買ってもちっとも困らない。

【シンプル牛肉焼きの大根おろし添え】

①すき焼き用の牛肉（約150g）に塩、コショウして焼く。
②大根おろしと醤油で食べる。

※このシンプルな食べ方が好き。大根おろしはおろすのが大儀だから、牛肉を

食べたい！　っていうときはタップリおろす。あとは、たまに納豆を食べるときくらいである。

【大根とホタテのサラダ】

①大根は千切りにして、軽く塩もみをしてしんなりさせる。
②ほぐしたホタテの缶詰とマヨネーズで和える。
※ワインビネガーに浸して戻したドライトマトを入れるといっそうおいしい！

【大根とイカの煮物】

①醤油、酒、みりん、砂糖、水を煮立て、適当に切ったイカ2杯を入れて、白くなったら取り出す。
②大根を食べやすい大きさに切り、だし汁で下茹でする。①の煮汁に大根を入

れて煮る。

③大根が柔らかくなったらイカを戻して、でき上がり。

【おでん】

おでんに絶対に欠かせないのが大根である。それからこんにゃく、がんもどき、ゴボウ天が揃えば、あとはもういらない。そんなにたくさん入れても食べられないし、好きなタネ4種だけあれば十分。ただし練り芥子《からし》は必須！

【ふろふき大根】

大根を昆布ダシでただ煮るだけ。それを練り味噌で食べるのが好き。いわゆる、ふろふき大根である。私の練り味噌は、味噌120gに、みりん大さじ1、酒大さじ2、砂糖大さじ3を加え、弱火でじっくり練り上げる。

【大根と油揚げの味噌汁】

①大根は薄いイチョウ切りにして柔らかく煮る。
②油揚げはサッとあぶってから細く切って加える。とっても香ばしく、冬の寒い日など、こたえられない。

白菜

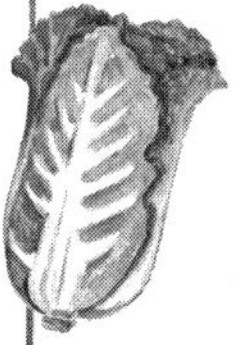

白菜は好きである。まるまる1個を買いたいところだが、重いし、さすがに一度には食べきれないので、半分に切ったものを買う。炒めてもおいしい、味噌汁も好き。ベーコンとの重ね蒸し煮やさっと茹でたサラダなども好きだが、白菜漬けなど漬物はしない。冬の野菜は白菜、大根、カブ。この3つは冬中欠

かしたことがない。

「白菜といえば鍋」と言う人も多いだろう。だけど私は鍋があまり好きではない。鍋料理は鍋料理一品だけで十分ということだからである。鍋料理にもちょこちょことおかずがあるならわかるけれど、同じ味のものをずっと食べ続けるなどはあまりやりたくない。鍋料理で作るのはすき焼きくらいである。すき焼きはひとりでも作る。あとはたまに湯豆腐をするくらいである。

【白菜とベーコンの重ね蒸し】

①白菜は洗って、1枚ずつはがし、半分くらいに切っておく。
②鍋に白菜を入れ、次にベーコンを入れ、また白菜、ベーコンと重ねていく。
③水を少量入れて、塩、コショウして蓋をして蒸し煮にする。
④下が焦げないようにして、いちばん上の白菜がしんなりしてきたら火は弱火。火を止めて、そのまま少し置いておけばでき上がり。

［白菜と干し貝柱の炒め物］

①干し貝柱は少量の水に浸して戻しておく。
②油をひいたフライパンで、ザク切りにした白菜を強めの火で炒める。
③白菜がしんなりしてきたら貝柱をほぐして加え、ガラスープの素少々とコショウで味をつける。

※貝柱を戻した汁は冷蔵庫に入れておき、白菜などの野菜を加えてスープにする。筑前煮に入れたりもする。

［白菜のおひたし、ドレッシング味］

①ザク切りにした白菜は茹でるか、蒸してしんなりさせて、絞って水気を切る。
②好みのドレッシングで食べる。

［白菜と打ち豆の味噌汁］

白菜と打ち豆の味噌汁も好きである。打ち豆は、味噌汁ができ上がったときにそのまま入れる。味噌汁は昼ごはんのときに必ず作るが、夜はお酒を飲むので作らない。

キャベツ

キャベツは大好物。一年中買っている。食べたいと思ったらすぐ買ってしまう。食べたくなったものは少し手間がかかっても、時間がかかってもホイホイ作るが、食べたくないものはどんなに簡単でパッとできるものでも作らない。サラダ、蒸し煮にして食べることも多い。蒸し煮はしんなりするので、すごく

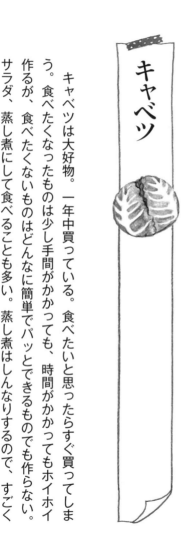

たくさん食べられる。キャベツは1個買っても、あっという間に全部食べてしまう。

【キャベツのシンプル蒸し煮】

①キャベツ半個を丸ごとザクザクとクシ形に切る。
②フライパンに油をひいてキャベツを炒め、蓋をして全体になんとなく火が通ったら、水を入れ、粉末のブイヨンをぱらぱらと振りかけ、塩、コショウをし、もう一度蓋をして蒸し煮にする。

※キャベツを蒸し煮にするとしゃっきりした歯ごたえは残るので、おいしくていくらでも食べられる。野菜の蒸し煮はかさが少なくなり、野菜をたくさん食べることができる。ノルウェーのホームステイでもこれを作ったら大好評だった。キャベツや白菜は、どんな食材とも相性がいい。

［キャベツとコンビーフの蒸し煮］

①キャベツを大きめのザク切りにする。だいたい一回でキャベツ半個を使う。
②ざっと炒めて、全体に油が回ったら、水を少し入れ、粉末のブイヨンをほんの少し入れ、蓋をして、蒸し煮にする。
③コンビーフは缶から取り出し、細く切っておく。
④キャベツがちょっとしんなりしてきたら、切ったコンビーフをポーンと放りこみ、塩、コショウして、また蓋をして蒸してでき上がり。あっという間にできる。

※好みにもよるが、コンビーフを1缶使うとちょっと量が多い。私は残ったコンビーフは卵焼きにする。組み合わせがコンビーフばかりだと飽きるので、ソーセージやハムにしてみたりする。
キャベツや白菜の他に、カボチャ、ジャガイモ、ブロッコリー、カリフラワー、レタスなども蒸しただけでうまい。かつおぶしと醤油をちょっとかけて、ホ

ウレンソウのおひたし感覚で食べる。気分によってはドレッシングでも。

[シンプルキャベツサラダ]

①キャベツは細く刻んで軽く塩もみしてしんなりさせる。

②適当にドレッシングをかける。キュウリでもベビーリーフでも、ある野菜を入れて食べる。

[コールスローサラダ]

①キャベツはできるだけ細い千切りにして、軽く塩もみしてしんなりさせておく。

②同量の油と酢、塩と砂糖少々を混ぜ合わせてドレッシングを作り、キャベツと和える。砂糖（またはハチミツ）を少し多めに入れるのがおいしさのコツ。

ゴボウ

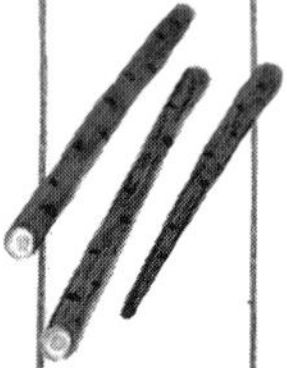

ゴボウが食べたくなったら、ゴボウと牛肉の炒め煮または豚汁を作る。ゴボウは長いのを2～3本一度に買ってしまうくらい好き。牛肉とゴボウの炒め煮では、長いものを2本使う。残りの1本は、ニンジンときんぴらにするか、豚汁にすることが多い。

【牛肉とゴボウの炒め煮】

①ゴボウ2本はささがきにして、水につけてアクを取っておく。
②ゴボウを油でザッと炒め、水をヒタヒタに加える。
③ゴボウがまだシャキッとしているうちに、だしパック、酒、砂糖、醤油で少

し甘辛く味をつける。

④牛肉200gをゴボウの上にかぶせるようにして入れる。

⑤ゴボウの味を見て、ゴボウに味がしみ込んで歯ごたえがまだ残っているくらいで、火を止める。蓋をして、そのまま牛肉に味をしみ込ませる。

※この料理はお客さまが来るときにたっぷり作りたい。コツは、ゴボウのシャキッとした歯ごたえを残すこと、油断をしているとクタッとなってしまう。これがゴボウのおいしさを引き立たせるコツ。煮過ぎると肉は固くなるので牛肉は後で入れる。

【豚汁】

①ゴボウ、ニンジン、大根、こんにゃくを適量、大きさをだいたい揃えて切る。ゴボウはアク抜きする。こんにゃくは好きなので1個入れてしまう。長ネギは小口切り、豚肉は150gを一口大に切る。

②だし汁を入れた鍋にゴボウとニンジンと大根と水を入れ、柔らかくなってきたら豚肉を入れ、ネギも入れる。

③豚肉に火が通ったら、味噌を溶いて入れる。七味唐辛子を少し振る。

※たくさん作って冷蔵庫に入れておき、食べるときは小鍋で温める。具だくさんのスープはそれだけでちゃんと一品になるので、それにちょっとサラダでもあれば、十分な食事になる。冬になると、豚汁やポトフ風のスープをよく作る。野菜もたくさん摂れて、栄養バランスがいいので、三~四日分は作るのである。

【ゴボウとニンジンのきんぴら】

①ゴボウはやや太めのささがきにして水につけアク抜きをする。ニンジンもゴボウに合わせて細長く切る。

②ゴマ油を熱したフライパンにゴボウを入れて中火でよく炒める。ゴボウがし

んなりしたらニンジンを加えて炒める。

③だしパック、酒、砂糖、醤油で味つけをして、水気がなくなるまで炒める。

※きんぴらのときは、ゴボウはちょっと太めのささがきにしている。

ニンジン

ニンジンはだいたい3本入りで売られている。冬は汁ものに使うので3本入りを買ってしまう。夏はあまり使わないし、第一、すぐに腐ってしまうので、少し割高でも1本ずつ買う。汁もの以外では、サラダにして食べる。

【ポトフ風スープ】

①ジャガイモ、ニンジン、キャベツ、玉ネギを大きめに切る。あればカブや大根、それとソーセージも。

②鍋に野菜と水を入れ、ブイヨンとローリエを入れて煮る。

③野菜が柔らかくなったら、ソーセージを加え、味を見ながら、塩、コショウ

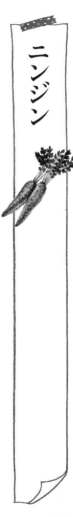

で味を調える。

※キャベツが好きなので、キャベツはまだ歯ごたえのあるうちに先に食べることもある。キャベツはあとからまた足す。

【ニンジンと大根のサラダ】

①ニンジンと大根を千切りにする。

②塩でしんなりさせて、ドレッシングで和える。

ニンジンがおいしい春先は、ニンジンの割合が多くなり、大根がおいしくなる冬は大根が多めになる。

【ニンジンの鬼おろしサラダ、干しブドウ入り】

①ニンジンを鬼おろしでボソボソにおろす。

②水でもどした干しブドウを入れ、ドレッシングで和える。
春先のニンジンで作ると、ブドウの甘さとよく合いかなりおいしい。

ジャガイモ

イモもまた好きである。茹でて、炒めて、どうやってもおいしい。

【千切りジャガイモの炒め物】

①ジャガイモ2〜3個を千切りにし、水に少し浸ける。
②フライパンにオリーブオイルをひき、ジャガイモを炒め、塩、コショウする。

しんなりしてきたら、最後に酢またはワインビネガーをほんの少し、たらすのがコツ。

【ジャガイモだけのグラタン】

①皮をむき、適当な大きさに切ったジャガイモ（スライスまたは四つ切り）を鍋に入れ牛乳をヒタヒタに注いで火にかける。決して強火にしないこと。ふきこぼれてしまう。
②ジャガイモが柔らかくなってトロトロしてくるので、焦げないように、ヘラでときどきかき混ぜながらゆっくり煮る。
③ジャガイモが溶けて、ねっとりしてきたら、味を見ながら塩、コショウする。
④器に移して、好みのチーズをタップリのせてグリルに入れ、表面に焦げ目がついたらでき上がり。
※お昼ごはんに作ることが多い。ジャガイモ5～6個で作るが、半分だけ焼い

て食べて、残り半分は冷蔵庫に入れておく。食べたいときに、チーズをのせて焼けばいいのでラク。教わったレシピだが、ホームステイ先でも大好評でした。

【ポテトサラダ】

①ジャガイモは四つ切りにして、ヒタヒタの水で茹でる。ニンジンも薄く切り、一緒に茹でる。
②ジャガイモが柔らかくなったら、ザルに取ってお湯を捨て、再び火にかけて水分を飛ばす（粉ふきイモにする）。
③ジャガイモを茹でている間に、キュウリを刻み、塩もみをして少ししんなりさせる。ハムもあれば適当な大きさに切る。
④ジャガイモ、ニンジン、ハム、ギュッと絞ったキュウリを混ぜ合わせ、塩、コショウし、マヨネーズで和える。

※メインはイモとキュウリ。キュウリのシャキシャキ感が必要なのでキュウリがなかったら作らない。ニンジン、ハムはなくても。

【肉ジャガ】

①豚肉モモのスライス150gは、脂を削ぎ落として大きめに切っておく。糸こんにゃくは適当な長さに切っておく。

②ジャガイモ、ニンジン、糸こんにゃくは好みの大きさに切り、油でザッザッと炒める。水をヒタヒタに足し、粉末だしをふっておく。

③野菜に火が通ったら、酒、砂糖、醤油を加え、味がしみてきたら豚肉をかぶせるようにのせるのが私のやり方。あっさり仕上がる。フツフツしてきたらアクを取り、肉の色が変わったら火を止め蒸らす。多めに作って何度かに分けて食べきる。

里イモ

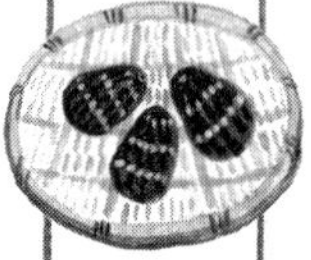

イモ類は何でも好き。里イモも当然、大好きである。外で飲むときに衣かつぎがあれば、すぐオーダーしてしまう。里イモとなめこの味噌汁も大好物。

【里イモとイカの煮物】

①里イモの皮をむき、ヒタヒタの水で柔らかく煮て、だしパック、醤油、酒、砂糖で味をつける。
②里イモに味がしみ込んだら最後に適当に切ったイカを入れて、さっと煮る。火が通ったらすぐに火を止めること。

※煮魚はあまり作らないが、イカだけは例外だ。私は里イモかイカかというくらいタップリとイカを食べたいので、だいたいいつも2杯は使う。イカは煮過ぎると固くなるので、さっと煮ること。

【筑前煮】

①里イモ、ニンジン、こんにゃく、もどしておいた干ししいたけ、レンコン、鶏肉を適当な大きさに切る。
②鶏肉を油で炒めてだし汁を入れ、煮えにくいものから煮る。
③柔らかくなったら、酒、砂糖、醤油で味をつける。

レンコン

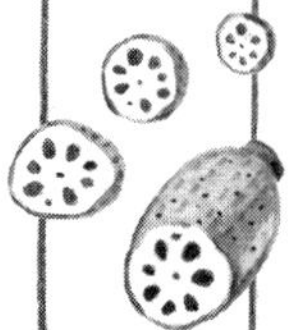

レンコンはあのシャリシャリした歯ごたえがいいので好きである。筑前煮に入れるほかに作る料理で主なものは二つ。

［レンコンのきんぴら］

①レンコンは薄く切って、水にさらしておく。
②鍋に油をひきレンコンを炒め、だしパック、酒、砂糖、醤油、唐辛子で味つけをする。

［レンコンのたらこ和え］

①レンコンはコロコロに切り、酢を加えた湯で歯ごたえが残るように茹で、冷ましておく。
②たらこはオリーブオイルを加えてほぐしておき、そこに茹でたレンコンを入れて和える。

※生たらこでもいいし、辛子明太子でも、どちらでもおいしくできる。味はたらこの塩分だけで十分である。オリーブオイルでたらこをほぐしておくと、上手にレンコンと和えられて、おいしい。

長ネギ

実は私は、最初に書いたようにネギはあまり得意ではない。使うとしたら味噌汁や豚汁、卵焼きぐらい。納豆にも入れない。けれども、なければ困る料理がある。

【ひとりすき焼き】

材料は牛肉、長ネギ、セリ、糸こんにゃく、焼き豆腐、（あれば）シイタケ

牛肉は150g。セリは好きなので、1把食べてしまう。糸こんにゃくも好き。鍋をするときには、こんにゃくのあの味がしみ込んでいるのが好きなのである。焼き豆腐も好き。鍋で豆腐を1丁食べてしまうように、焼き豆腐も食べてし

まう。8つに切ると、食べてしまえるものなのだ。もし焼き豆腐がなかったら、固めの木綿豆腐で代用する。セリはなくてもいいけれど、すき焼きにネギは外せない。ひとり鍋をして、ちょっと残ったものを温め直し、卵でとじて、ごはんにのせてどんぶりにして食べるのがまたおいしい。

すき焼き鍋などはないので、フライパンで作って、フライパンごと食卓に持って行って食べる。カセットコンロを出して、なんてことはしない。鍋物という意識がなく、豆腐が食べたい、肉が食べたいということで作る料理である。

【煮豚】

煮豚はびっくりするほど簡単な料理である。そのままおかずにもなるし、パンにはさんだり、サラダに使ったりと、いろいろ食べられる。

①煮豚・焼き肉用の豚肉を肉屋でタコ糸で巻いてもらう。1回に作る量は約500gの塊を2本。私は脂が苦手なので、モモ肉部分を使う。

②長ネギ6本をザクザクッと切り、ほぼ同量の赤ワインと日本酒を入れ、醤油

も少し加える。肉がヒタヒタになるくらいで煮る。醤油の加減は必ず味見をして決める。

③沸騰させてから、少し中火にして、そこからは弱火で4時間。ストーブがあるときでないと、なかなかできない。

［あっさり寄せ鍋］

①だしは昆布と中華風スープでとる。

②定番の材料は、ネギ、豆腐、こんにゃく、シイタケなどキノコ類（エリンギなど）。こんにゃくは糸こんにゃくでも何でもいい。味付けは塩とコショウで。

※鍋をするときは、わざわざ材料を買ってくるようなことはしない。冷蔵庫にあるものでやる。肉も貝柱も魚も入れない。タンパク質は豆腐だけ。和風味の鍋が苦手なので、鶏ガラスープで作る。豆腐は好きだから、1丁は食べきる。極端に言えば、豆腐と長ネギだけあればそれでいい。何もつけずに汁と

一緒にいただく。

卵

卵は栄養があって手軽に使える便利な食材だ。私は卵焼きが好きである。私の卵焼きは、ほんのちょっとだけ醤油を入れることが多い。卵に醤油を入れるとごはんのおかず、塩味にするとパンに合う。醤油の卵焼きだと、それだけでごはんが2杯食べられるくらい好きなのである。苦手な長ネギも卵焼きに入れて作る。

【ネギ玉】

①ネギは小ネギまたは長ネギを使う（玉ネギはおいしくない）。小ネギは小口切り、長ネギは粗いみじん切りにする。ネギはたっぷり使うとおいしい。

②卵（1個または2個）を割りほぐし、ネギを入れて焼く。

※ネギ玉のときは、卵に水を少し入れると柔らかくなる。両面をひっくり返して焼いた後、ほんの少し蓋をする。水が入っているので固まるのは遅いが、こうするとふんわりした卵焼きができる。

【ニラ玉】

①ニラ1把は3cmほどの長さに切る。

②フライパンで、オリーブオイル（またはゴマ油）でニラを炒める。

③卵2個は、砂糖と醤油でちょっと味をつけて溶いて入れる。箸で大きくかき

回し、かなり粗い炒り卵のようになったらでき上がり。

※ネギ玉の次に好きなのが、ニラ玉。ニラは苦手なのでよく炒める。ふつうの卵焼きにしてもいいが、箸で粗い炒り卵のようにすると、おいしい。ニラは残すと臭くなるので、いっぺんに1把を使ってしまうことが多い。ニラ1把で卵2個を使う。ニラ玉はニラがビタミン豊富で、卵は良質のタンパク質だから栄養満点。このメニューはつまみ系のおかずで、ごはんのおかずではない。私の料理はごはんのおかずというより、いかにお酒をうまく飲むつまみを作るか、という発想なのである。私は基本的に家で飲むので、お酒がおいしくなるつまみを作ることは必須なのである。

【プレーン卵焼き】

醤油か塩を入れて、普通に卵焼きを作る。塩で作るときにはサンドイッチにする。茹でた卵にマヨネーズの卵サンドではなく、焼いた卵をはさんだ卵サンドが好きなのである。塩少々を加えた卵焼きを挟んだサンドイッチは、さっぱりしていて、トーストしたパンによく合う。卵サンドを作ったとき、端のところの卵が残ると、それはサラダに入れる。細切りにしてキャベツサラダでも何でも入れると、色もきれい。おひたしの上に、錦糸卵のように細く切ってのせても、見た目がきれいだし、おいしい。

［コンビーフ入り卵焼き］

①コンビーフ50g（小½缶）は細かくほぐす。
②割ってほぐした卵2個とコンビーフをかき混ぜ、コショウだけで焼く。コンビーフの塩気が強いので、塩は入れない。このままでは野菜不足なので、茹でたブロッコリーなどを添える。

旬を待って作るもの

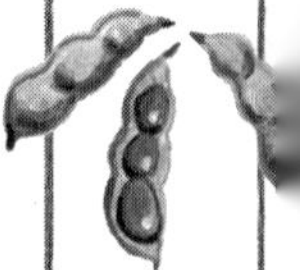

【春・グリーンアスパラとエビの白和え】

旬の和え物が食べやすくて好き。素晴らしい日本のサラダである。春になったらアスパラ。夏になったら、秋になったら、というように、その季節の旬のもので和え物をせっせと作る。

春はアスパラや絹さやなどが旬。香りも甘味も増してくる。タンパク質のエビとの相性抜群。具は塩味でサッパリと、和え衣に生クリームを加えてこっくりさせるのがコツ。

①アスパラは、塩少々加えた熱湯で固めに茹でる。エビも色鮮やかに茹でて冷ます。エビは茹でエビでもよい。

②木綿豆腐は水気を切り裏ごしし、砂糖、薄口醤油少々、生クリームをねっと

りする程度に加えて衣を作り、①を和える。

[夏・茹でそら豆、枝豆]

そら豆、枝豆はビールのつまみ、季節になったら絶対に欠かせない！　豆は茹で加減がいのち。

①タップリめのお湯をわかし塩を多めに入れ、色鮮やかになって、香りが立ってきたら引き上げる。少し固めが好き。豆を茹でるときは絶対に火のそばから離れないのが鉄則。

②茹でたらザルに上げて、さっと水洗いして、風味を落とさずに色を残す。後塩は少なくする。食べる少し前に茹でておき、自然に冷ます。残りは冷蔵庫へ入れる。

【夏・焼きナス、しょうが醤油】

焼いて、皮をむいて、醤油とおろししょうがで食べる。もうこれはおいしくて大好き。ほとんど水分だし、焼くと小さくなってしまうので、一山、4、5個をいっぺんに焼いて食べてしまう。ナスのその他の使い方は、炒めて豆板醤で味付けしたり。それからナスといえば味噌汁。必ずみょうがと合わせる。

【夏・トマトとモッツァレラチーズのサラダ】

塩、コショウ少々、オリーブオイルを混ぜてチーズの塩分で食べる。生バジルの葉っぱがあれば最高！　ワインがすすむ。

【夏・いんげんとみょうがのごま和え】

みょうがは冷ややっこや味噌汁の添えものでしかない夏の食材だが、主役にして食べる。いんげんとの相性がいい。

①いんげんは筋を取り、塩少々を加えた熱湯で固めに茹でる。みょうがはよく洗い、縦に千切りにする。

②すりごま、砂糖、醤油を混ぜ合わせ、①を加えて和える。

【夏・クレソンと鶏肉のしょうが和え】

①鶏のモモか胸肉の皮を取り、塩、酒をふって電子レンジで蒸し、割いておく。

②クレソンは食べよい長さに切ってさっと茹でて水気を切り、しょうが醤油で和える。クレソンのおいしい季節にピッタリ。

【秋・金柑と春菊のアボカド和え】

金柑が出てくると、春菊、レンコン、シイタケも茹でてアボカドで和える。

①金柑は2つに切って種を除き、さっとゆがく。

②レンコンはシャキシャキ感を残して、酢で茹でる。春菊は塩を少し入れ、茎の部分に火が通るようにちゃんと茹でる。シイタケもさっと茹でる。

③アボカドは種を取り皮をむき、少し醤油を入れてさくさくとかき混ぜておく。①②と和える。

【秋・柿と春菊のごま酢和え】

①柿は食べやすい大きさに切っておく。春菊は塩を少し入れて茹で、そのまま冷ましてから適当に切り、醤油をふりかけ絞っておく。

②白すりごま、酢、醤油、砂糖を適宜入れて混ぜ合わせ、食べる直前に春菊から先に和える。

【冬・白カブの練りごま酢和え】

冬の代表野菜カブ。白練りごまの濃い味がさわやかなカブとマッチする。

①カブはよく洗い、薄切りにして少々塩を振り、しんなりさせておく。
②白練りごまに、砂糖、酢、醤油を混ぜ合わせ、カブと和える。

【冬・カキごはん】

寒くなってくるとカキがぷっくりとして味ものってくる。カキはグラタン、フライ、焼きガキなど、何でもおいしいが、特にカキごはんは旬ならではの楽しみだ。

①米は水で洗い、ザルにあげておく。
②カキは塩水でよく洗い、だし汁に酒、塩、砂糖、醤油を加えた中に入れ、ぷっくりとふくらんだらザルにあげておく。汁は冷ましておく。
③米、キッチンペーパーで漉《こ》した②のだし汁を入れてごはんを炊き、スイッチが切れたところで、②のカキを加えて蒸らし、刻み海苔をかけて食べる。

あるとひと味違うドライトマト

イタリアに行ってドライトマトを食べたら好きになった。

ドライトマトは日本でも売っているが、イタリアに行く人には買ってきてもらって、瓶に入れて冷蔵庫に保存しておく。

使うときは千切りにして少量のワインビネガーに約10分浸しておく。

その間にサラダの材料を洗って水を切る。塩と酢、油、コショウで作ったドレッシングにドライトマトを混ぜて、野菜と和える。

野菜はレタスとカブ。カブはほんの軽く塩もみしてしんなりさせて、レタスは洗って水切りしたもの。

［大根の千切りとドライトマトのサラダ］

①大根を千切りにし、ほんの少し塩をふって塩もみにして、しんなりさせる。
②ベビーリーフは洗って水切りしておく。大根だけでもいいけれど、緑色がないし、私はベビーリーフが好きなので入れる。
③塩、コショウ、油、酢にちょっとマヨネーズを入れて、千切りにしたドライトマトと大根をさっくり混ぜ合わせ、最後にベビーリーフを入れてざっと混ぜる。

［ドライトマトとチーズのトースト］

①トーストの上にドライトマトをのせ、チーズもその上にのせ、グリルに入れて焼くだけ。
②食事の場合はそのまま。半分または4個に切れば、お酒のつまみになる。

※ドライトマトは好きだが、私はイタリアンを自分では作れない。嫌いというわけではないが、自分では作る気がしない。しかし、このトーストだけは好きなのでよく作る。チーズはとろけるチーズでも何でもいい。ドライトマトは、刻んでもいいし、大きいものをそのままのせてもいい。

干し貝柱と干しシイタケ、ドライトマトは常備している。

私の好きな調味料

現在のところ私のお気に入り（いつもいいものを探しているので変わることがある）、百人力の調味料を紹介する。

【和風調味料ラミトップ】 小倉屋山本（0120-415214　5gパック18袋入り）

昆布だし。北海道産昆布から抽出したうま味を真空凍結乾燥で粉末にしたもの。鍋のときは昆布を入れるけれど、それ以外の味噌汁、豚汁などには使う。昆布だしとかつおだしは気分によって、使いわけている。

【だしまかせ】 焼津　魚匠　やままさ（054-626-1001　5gパック14個入り）

かつおぶしと昆布で作った自然のだし。熱湯にパックごと入れるだけでおいしいだしがとれる。煮物にも1パック入れたまま、クツクツと煮込んでしまう。

【化学調味料無添加のガラスープ】 ユウキ食品（0120-69-5321　130g）

チキン味の化学調味料無添加の顆粒タイプのガラスープの素。さっぱりした味なので、スープ、炒め物、煮物など幅広く使える。

【ドレッシング二種】

サラダや温野菜はたくさん食べる。塩とオリーブオイルとワインビネガーをちゃっちゃとかけて、食べてしまう。ドレッシングを買ったりもする。お土産にもらったりしたものを、うまいなぁーと思ったら自分で買う。ドレッシングはあれば使うし、なければ作る。市販のドレッシングは飽きちゃうと違うのにするし、飽きなければずっと使う。

気に入っているのが、浅野屋の「和風ドレッシング」。パンで有名な浅野屋で出しているドレッシングである。これはおいしい。あと、コールスローはカロリーが高くて健康的でないけれど、ときどき食べたくて使う。使っているのは、ケンコーマヨネーズの「神戸壱番館　コールスロードレッシング」である。

浅野屋（0267-42-2149）

ケンコーマヨネーズ（0120-851-793）

7日目
朝：コーヒー（カフェで。247円）
昼：豆腐カツ定食（仕事で外食。ごはん、味噌汁、ひじき煮。1080円）
夜：カブと菊の酢の物、サラダ、握り寿司、ビール（外食！寿司はときどき無性に食べたくなる。入金があったとき、嬉しいことがあったとき、逆に落ち込んでいるとき、自分にごほうびのときも。私の大いなる贅沢。4000円）

8日目
朝：卵トーストサンド、コーヒー２杯
昼：天ぷらそば、みかん（仕事で外食。おいしい天ぷらを食べたいときはこの店で！2000円）
夜：肉野菜炒め、水餃子、マーボー茄子、ビール（仕事の打ち合わせを兼ねて。3000円）

9日目
朝：青汁ヨーグルト牛乳、ハムとレタスのトーストサンド。コーヒー（カフェで。200円）
昼：ヒレカツ定食（仕事で外食。この店はカツもおいしいが味噌汁、ごはんもおいしい。1300円）
夜：蒸しさつまいもとチーズ（スライスしてサンドイッチ風に。ビールによく合う）、ベビーリーフとエビのサラダ、豚汁（3回分くらいたっぷり作る）、ビール

10日目
朝昼兼用：カマス干物、昨日の豚汁、漬物、ごはん
夜：小松菜・アーモンド・じゃこのサラダ、豚ヒレとレタス炒め、トマトサラダ、キュウリ漬け、カレー２種、ビール（外食。むれの会）

※はじめて食日記をつけてみて自分発見である。笑ってしまったのは、寿司・天ぷら・とんかつは、ときどきどうしても食べたくなる御三家のようだ。
※夜の外食は、若いときに比べれば１回の予算は堅実になり回数も減った。けれども大切な友人との楽しい時間はやはり欠かせないなあと改めて思う。会いたい人には会えるときに会いたい。あと何回会えるかわからないもの。
※ビールもこれは私の人生の楽しみであり、今日も１日頑張ったね、という意味合いもあるので欠かせません（発泡酒が特価のときは、重くならない程度にまとめて買う）。ゆえに、ふだんの晩はお米のごはんは食べない。味噌汁は家にいるときはお昼に作る。
※コーヒーは、自分ひとりのときもお客様のときもちゃんとドリップ式で淹れているが、仕事で出かけたときは、気合を入れるために、途中で気軽なカフェに立ち寄ることもある。街の佇まい、行き交う人を眺めていると時代の風を感じられ、元気になる。

「私の10日間食日記」

1日目
朝：青汁ヨーグルト牛乳（粉末青汁＋プレーンヨーグルト＋牛乳）、コーヒー
昼：栗おこわ（友人手作りの頂き物）、肉ジャガ（3回分くらいたっぷり作る）、カボチャスープ、青菜のシラス和え
夜：そば寿司、からし蓮根、桜肉焼き、お新香、ビール（友だちと外食、3900円）

2日目
朝：プラム（生）、コーヒー（カフェで。200円）
昼：親子丼、味噌汁（仕事で外食、740円）、コーヒー（200円）
夜：カブとキュウリのサラダ、ローストビーフ（おいしい肉屋で購入）、チーズ、ビール（自宅では発泡酒）

3日目
朝：ハムトースト（トーストサンドがマイ・ブーム）、コーヒー2杯、りんご
昼：醤油おこわ（仕事先のスーパーで購入）、納豆、たっぷり野菜とソーセージのポトフ風スープ（3回分くらいたっぷり作る）、一昨日の肉ジャガ
夜：大根とイカの煮物（イカは2杯使う）、キュウリとミニトマトのサラダ、豚肉しょうが焼き、冷ややっこ、ビール

4日目
朝：コーヒー（カフェで。200円）
昼：ハム・卵焼きトーストサンド、一昨日のポトフ風スープ
夜：サンマ刺身、ジャガイモ・かぼちゃ・ニンジン温野菜（蒸して、おかかと醤油でおひたし風に）、ビールなし（夜に仕事の連絡が入るため）

5日目
朝：プラム（生）、コーヒー2杯
昼：カマス干物、醤油おこわ（日曜日の残り）、一昨日のポトフ風スープ（食べきる）、レタスとミニトマトのサラダ
夜：トマトサラダ、肉ジャガ（食べきる）、ビール（仕事で夜10時半ごろ帰宅。軽めに）

6日目
朝：ハムトースト、コーヒー。カフェでもコーヒー（200円）
昼：山菜そば（仕事で外食。450円）
夜：カレイの干物、水菜とエビのサラダ、ホウレンソウのごま和え、トマトとキュウリのサラダ、ビール

文庫版あとがき

六〇代半ば、ひとり暮らしの経済的目線で書き綴った『老いのシンプル節約生活』が、このたび文庫版となり、祝杯を挙げる喜びである。

この本を書いていたときから、すでに僅かずつではあったが、私の経済環境は変化していた。本を綴ったときは東日本大震災前であり、暮らしを包む日本の経済なども、それほど深刻化していなかったので、私も楽観的なところが大いにあった。

ところが、本を書き上げ出版された、ちょうどひと月後、東日本大震災が発生した。それからの時間経過は、私の環境に大きな変化をもたらし、実際の暮らしを直撃する経済状態をも変化させたのである。

震災前の楽観的な節約生活から、震災後のより積極的な節約生活、そしてこれから直面することになる老後の節約生活へと、舵切りを余儀なくされることとなっていった。

ついでに言えば、ことお金に関して、自給自足暮らしでもしない限り、まったく不安なしで暮らすことなどできない。たぶん、六〇代での不安と七〇代、八〇代での不安と質の違いはあっても、不安自体が消えることはないのだろう。


震災後、私の経済変化の第一は、収入減である。

フリーランスの著述が、途絶える一方となった。それは社会に急速な普及をもたらした情報流通によるところ大だ。紙面情報の苦境、苦戦、その影響が私にも及んできたということだ。震災直後の暮らしの細かな変化は、『老いのシンプルひとり暮らし』(だいわ文庫)に綴っている。

その文庫版エピローグに、収入に対して支出のバランスをどう取っていくかを書いたが、その後状況は一変。

節約とは収入がなければ成り立たない。二〇一七年、私の収入は、年金を除きほとんど途絶えてしまった。これまでも減少し続けてはきたが、収入が途絶えたことはない。七〇歳、私の年金収入五万円だけでは暮らしの保持は無理だ。

節約するにしても、暮らし自体が成り立たないのでは、節約どころではない。収入が確保できなくなって気がつくなど、我ながらとても遅いとあきれる。もちろん、呑気に構えていたのは貯蓄に頼ろうかな？　と思ったからだ。だが、貯蓄が減っていく実感は、六〇代半ばと、七〇代では断然違う。老いのお金の不安が、急速に身に迫って来た。

それと、私は健康面の問題はないが、日々家にずっと居続けると、精神的にとても耐えられなくなる。社会に取り残された感があるからだ。このまま、新たな変化もなく家に居続けるとなるとしたら、うつになりそうだった。

貯蓄も減っていき、もはや家には居られない。何とかして就活し、新たな働きの場、収入の道を確保せねば。そう暮らしを変化させなければ、私はダメになると強く思った。

まずは収入の範囲を広げるべく、あらためて薬剤師としての就活を開始することにした。それが、二〇一七年二月のことだ。

再就活を始めたが、震災前と違い、薬剤師の募集方法にも変化が起きていた。

新聞での募集などはまったくなし。ほとんどがネット募集。さらに薬剤師の募集は、調剤の求人が多く、カウンター越しに薬を販売するＯＴＣ（Over the Counter）は、どこの薬局も求めていなかった。この実情に、私は青くなった。これまで同様、ＯＴＣ薬剤師としての再出発を狙っていたから、慌てたのだ。と言って、伝手《つて》などない。やむなく、ネットの募集に応募するも、応募先からは、「今後のご健闘をお祈り致します」と冷たい〝お祈りメール〟が届くだけ。あきらめられない私は、手当たり次第、大手中小問わず応募。むなしいメールを受け取るばかり。

そこで作戦を変更。薬剤師紹介会社の薬剤師募集に応募してみた。すると、一回で紹介があった。台東区の薬品卸売会社で、年齢は不問、薬剤師であるだけでいいと言う。早速、履歴書を持ち面接に向かう。医薬品卸しのため、薬剤師常駐が必要とのこと。社長と事務員二人だけの会社。喉から手が出るほど仕事のほしい私は即刻承諾し、週二日、午前中二時間の仕事を引き受けた。

働き始めた頃、二時間はあっという間だった。一二時の退社はいいが、浅草の近くなので、ついブラブラと寄り道。一日の収入は瞬《また》く間に消え、貯蓄崩しは変わらずであった。

収入の道より、新たな支出が増えたと言ったほうがよさそうである。

しかし、やっと得た仕事。辞めるわけにもいかないな、と思っていた矢先である。先任者が辞めることに。私は一挙に週二日、一〇～一六時の勤務となり、収入がアップ。これなら、年金と合わせて、ほぼほぼ予定通りの節約生活ができる。

そう喜んでいたが、実際に終日勤務を続けると、常駐するだけの仕事は結構ツライ。著述仕事があればいいが、それがないと、決まった仕事もないので、時間経過を待つのがツライ。そのうえ、週二日は仕事があるが、あとは家で、本を読む、片付ける、食事作りなど。贅沢を言うわけではないが、時間を持て余す。トントンの収入を考えると、節約一辺倒となり、気持ちは相変わらずウツウツ。

そうだ、夜働きたし！　と、再度紹介会社に頼んでみよう！　と閃《ひらめ》いた。即、紹介会社に応募すると、早速電話が。私の実情を詳しく聞いてくれ、調剤経験なし、夜働きたい、年齢などを説明。すると、後日、夜働く薬剤師を求める薬局があるという。家族経営で、一〇〇年の歴史がある都内繁華街にある薬局だ。夜一〇時半まで調剤を受け付けている。私向きだ、とは言え、調剤の経験はゼロ。それでも受け入れてくれた。

週二日の卸会社勤務後、一八～二一時、土曜は一〇～一六時、新たな仕事を得た。さらに収入が大幅にアップし、安定的な経済状態になった。

ようやく本書の文庫版に示した通りの節約を続けられ、そして、何より貯蓄崩しが止まったことが一番の収穫である。

私にとって調剤という新規の仕事は、覚えること、わからないこと、間違うことの連続の日々。だが、仕事を取得し、収入が増した喜びは、このうえないものであり、この年齢で働く場所のある幸せは、さらに大きい。

もう一つ、変化したことがある。節約の目的である。

六〇代での節約は、海外ホームステイ、ボランティア、たまの外食など、仕事に弾みをつけるための節約が主であった。だが、このところの節約目的は少し違ってきた。七〇歳を越えると、そろそろ老い支度への準備の必要性が見え始めてきた。

先輩や母の背中を見て、人それぞれではあるが、たいてい八〇代の山を越えると、身体的動作は衰え、記憶力、集中力なども怪しさが伴ってくる。

ある先輩は、八〇代前半、急に体力的限界が来て、準備してあった施設への入居を余儀なくされた。もう一人の八〇代の先輩は、六〇代から施設へ入居はしていたが、八五歳で転倒し、その影響からか介護を伴う施設への転居となった。母も九〇代の大腿骨《だいたいこつ》骨折を機に、施設へ入居となった。一〇〇歳を過ぎても自宅暮らしをしている先輩もいるが、それは、家族の手を借りての暮らしである。もし、本格的な介護の必要性に迫られたら、とうてい家族だけでは手が回らず、大変である。当然、専門家の手を借りることになる。専門家は、知識、技術が豊富で、手際などもよく安心していられる。

いずれの先輩たちの状態でもわかることは、老いての暮らしには経済的な負担が伴うことだ。その準備がないと、自宅、いや施設でも暮らすのは、とても難しい、と私は考えている。

人生を最後まで自分らしく暮らすためには、今から八〇代以降を想定し、何があってもよいように準備する必要があると、しみじみ思う。どこで暮らすにしても、今より経済的負担が大きくなるのが、老いを生きる道程だ。すでに老いの入り口、経済的準備は、もう始めていなければいけない。

これからの生活は、老い暮らしをどこでするとしても、最後まで自分らしく生きるための資金作りとして、節約に拍車をかけていかねばならないのである。

これが、最近の、私の大きな変化である。

そうして、本書刊行の話を受け取ったとき、母が急逝した。介護の要もないほど、入院した翌日には死去という、誠に潔い死であった。が、余りにも急であったがゆえに、死の始末に関することなど何も残さず、残された者が戸惑うばかりであった。

人が亡くなるとき、その人生の後始末をすることがいかに大変であるか、考えさせられると同時に、実体験をした。私は誰にも始末を託すことができないゆえ、自分の後始末は、シッカリとつけていかなければならない。このことも、母の死をもって実感した。

節約とは、人生の最後の最後まで、続くもののようだと、今は思う。それなら、手元に残すモノをキチンと決め、文書に残し、誰もが私の後始末ができるようにしておきたい。私の節約はこれからも続く。

二〇一八年　秋晴れに　阿部絢子

阿部絢子（あべ・あやこ）

生活研究家・消費生活アドバイザー・薬剤師。新潟生まれ。共立薬科大学卒業。洗剤メーカー勤務、百貨店の消費生活アドバイザーを経て、現在に至る。料理をはじめ家事など生活全般にわたる豊富な知識と合理的なアドバイスで、出版・講演など幅広く活躍中。70代になった今も快適な暮らしのノウハウを探求すべく、海外にホームステイに出かけている。

主な著書に『ひとりサイズで、気ままに暮らす』（大和書房）、『老いのシンプルひとり暮らし』（だいわ文庫）、『ひとり暮らしのシンプル家事』（海竜社）、『案ずるより、片づけよう　住まいの老い支度』（講談社）、『おひとりさまの老後を楽しむ処方箋』（主婦の友社）などがある。

本作品は小社より二〇一一年に刊行された『老いのシンプル節約生活』を加筆修正して文庫化したものです。

文中の情報は単行本刊行当時のもので、現在は変更されている場合があります。

だいわ文庫

老《お》いのシンプル節約生活《せつやくせいかつ》

著者　阿《あ》部《べ》絢子《あやこ》

二〇一八年一一月一五日第一刷発行
二〇一九年一月一日第三刷発行

発行者　佐藤 靖
発行所　大和《だいわ》書房
東京都文京区関口一－三三－四　〒一一二－〇〇一四
電話　〇三－三二〇三－四五一一

フォーマットデザイン　鈴木成一デザイン室
本文デザイン　高瀬はるか
本文イラスト　くのまり
編集協力　桜井千穂
本文印刷　シナノ
カバー印刷　山一印刷
製本　ナショナル製本

ISBN978-4-479-30733-4
乱丁本・落丁本はお取り替えいたします。
http://www.daiwashobo.co.jp